为什么精英都是
极速
Excel控

外资系投資銀行がやっている
最速のExcel

[日]熊野整◎著　郭　勇◎译

湖南文艺出版社
HUNAN LITERATURE AND ART PUBLISHING HOUSE　博集天卷
CS-BOOKY

最快操作速度！
优选快捷键

+：同时按　→：依次按

（1）在全选工作表（Ctrl + A）之后进行　　（2）在选定整列（Ctrl + Space）之后进行

表格制作

复制、粘贴的应用

Excel 显示

计算检查

打印

超基础快捷键

①

	A	B	C	D	E	F	G	
1								③
2	A 项目的收益计划							
3						第 1 年	第 2 年	
4	营业收入	日元				1,000,000	1,000,000	
5	销售数量	个				1,000	1,100	
6	增长率	%			⑥		10.0%	②
7	价格	日元				1,000	1,000	
8	成本	日元				500,000	630,000	
9	材料费	日元				300,000	330,000	
10	租金	日元				100,000	100,000	⑤
11	人工费	日元				100,000	200,000	
12	利润	日元				500,000	470,000	

④

1　调整工作表整体格式

前言

为什么你的 Excel 作业速度那么慢？

〉〉〉 投资银行追求的是"极速与零失误并立"

本书的焦点是"如何以最快的速度"制作Excel资料。当年，我在外资投资银行工作的时候，学习、磨炼了一身极速使用Excel的技巧。如今，在这本书里我会把自己的Excel技术毫无保留地传授给大家。

平时我会举办面向企业和个人的Excel讲座，到现在，来参加讲座的朋友已经累计超过了万人。通过交流我发现，很多朋友对于Excel都抱有一个同样的烦恼——自己制作Excel资料的速度实在是太慢了！

经过长期观察，我发现很少有商务人士对自己的Excel技术感到满意。绝大多数人都对Excel怀有畏难情绪，甚至不少朋友把Excel视为心中永远的痛。不管用了多少年的Excel，依然会出现计算错误、页面设计丑陋，甚至羞于把自己制作的Excel资料给别人看的情况。也有一些朋友，用了Excel好几年，却不知道快捷键的存在，每一步操作都要用鼠标点来点去，宝贵的时间就在鼠标笨拙的移动过程中白白消耗掉了。

另一方面，我想每家公司也都有那么一两个因为Excel用得很好而备受欢迎的人。他们在制作Excel资料的时候，周围的人只能送上仰慕的眼神，因为他们的极速操作实在令人眼花缭乱。很多人心里会想："哇！他好厉害！我也想把Excel用得这么棒！"可是脸上却诚实地露出绝望的表情。

不过，请您不要放弃！其实，只要掌握一定的技巧，任何人都能极速操作Excel。

我大学毕业后，进入摩根士丹利证券公司工作，在投资银行部门从事企业并购、融资等相关工作。在投资银行工作，极速的Excel操作技术是必备的基本技能。以并购企业为例，我们必须在限定的时间内以最快速度计算出合理的收购价格。而我们计算价格，使用的就是大家常用的Excel软件。

当然，只图快也是不行的，在Excel上"一顿操作猛如虎"，结果把收购价格算出100亿日元的误差，那不仅自己要"下课"，还会给公司、客户带来不可弥补的损失。所以，我说的是"**极速与零失误的并立**"。刚进入外资投资银行工作的新人，在入职培训中会接受关于Excel的魔鬼训练。

我离开摩根士丹利之后，在一家互联网公司负责财务工作，同时举办面向企业和个人的Excel使用技巧、制作财务模型的讲座。在我离开投资银行界，接触到很多其他行业的工作者之后，由衷地感受到——大部分商务人士在Excel作业中浪费了太多的时间和精力。

具体来看，这不仅仅体现在很多人不知道Excel的众多快捷键，在操作中浪费了大量时间；还体现在一些"不良习惯"上，比如，指派部下进行完全没有必要的"Excel分析"，或者在没有设计好目标图景的情况下就开始盲目制作Excel资料。

〉〉〉 "极速"有两种

本书由两大部分构成，前半部分为"设计篇"，后半部分为"技巧篇"。

在Part 1"设计篇"中，我将以"制订事业计划"这种需要团队协作完成的Excel作业为对象，讲解为了实现"零浪费完成工作"的目标而必需的流程和思维方式。

对Excel作业来说，实际上事先的准备工作尤为重要。如何让整个团队对目标愿景达成共识以及为此该如何进行有效沟通？这些都将极大影响Excel作业的效率。

在Part 2"技巧篇"中，我主要介绍Excel中常用的快捷键，这是每个使用Excel软件的商务人士都应该牢记在心的。请读者朋友放心，**在本书中，关于Excel"函数"或"宏"之类的专业难懂的内容，我一点都不会谈及。**

不管您的工作内容是什么，只要用得到Excel，我建议您把制作Excel表格、调整格式、计算检查等最基本的快捷键都记下来，作为您应该掌握的最低限度的"极速操作技巧"。本书的开篇，我就为大家列出了经过我严格筛选的快捷键清单，请您务必熟记在心（我事先进行了问卷调查，对于多数人都"不知道，但想知道"的快捷键，我优先发布了出来）。

〉〉〉 为什么"设计篇"很重要？

读完Part 1您会发现，这一部分我并没有讲有关Excel"操作"的任何事情。所以，那些想马上了解如何使用快捷键的朋友，可以先读Part 2。但是有一点大家一定要注意，如果没有Part 1的思维方式做基础，即使您把快捷键使用得再熟练，也不能从整体上提高工作的效率和生产性。

其中的原因是，**Excel作业，大多是以团队形式展开的**。虽然Excel操作都是每个人独立完成的，但在制作一份Excel资料的过程中，肯定会从其他人那里得到信息或数据，资料做好后也肯定会经过别人的检查，最后还要把资料对别人进行讲解说明。

在我开展进修培训的数十家企业客户那里，我无数次地听到这样的抱怨——"在工作中，我一直疲于应付上司的无端要求。你可能都想象不到，做一项工作，我要花多少时间来应付上司的无端要求！""在制作Excel资料的时候，团队中的每个成员都会一遍又一遍地反复计算，直到项目的截止时间。可还是不能减少计算错误的出现。"我认为，为了防止这些问题反复发生，一家公司或一个团队，需要彻底共享"思维方式"，也就是在思维方式上达成统一。

零浪费的顺畅沟通 × 禁用鼠标 = 最快速度

Part 1 设计篇	Part 2 技巧篇
掌握团队顺畅沟通的技巧，学会以**零浪费的"最短距离"**使用Excel。	熟练掌握快捷键，学会**不用鼠标的"极速"**Excel操作技巧

（1）设计输出想象图
想通过Excel分析什么？
• 确定比较的对象、分解的粒度。

（2）制作输入→输出设计图
在使用Excel制作资料之前，先制作整体设计图
• 精细筛选出必要的数据
• 确定工作表的排列顺序

（3）制作路线导航图
• "由谁""在多长时间之内""制作什么数据资料"
• 不用Excel表，而用图表对数字进行讨论
• 通过模拟分析，提供备选数据
• 使用瀑布图找出关键数字

×

（1）快速制作Excel表格
• 活用Alt键
• 活用Application键

（2）快速、准确的计算检查
• F2
• 追踪
• 预防#REF！错误

（3）将复制粘贴发挥到极致
• 粘贴数值
• 避免参照其他文档时发生错误

〉〉〉 本书的前半部分：目标直指"最短距离"的Excel作业

使用Excel软件制作资料速度慢、耗时长的一个重要原因是不熟悉Excel的操作技巧，这是技术问题。其实，还有一个更重要的原因，那就是很多人还没有弄清楚自己到底要用Excel做什么的时候，就盲目下手了。

举个具体的例子，上司想得到某种数据，但他自己心中也只有一个大概方向，并不能具体、形象地描绘出这些数据的范围。在这种情况下，他向部下下达指示，要求部下制作一份关于这种数据的Excel资料。可想而知，上司自己都没弄清楚自己想要什么样的数据，在指示部下的时候，

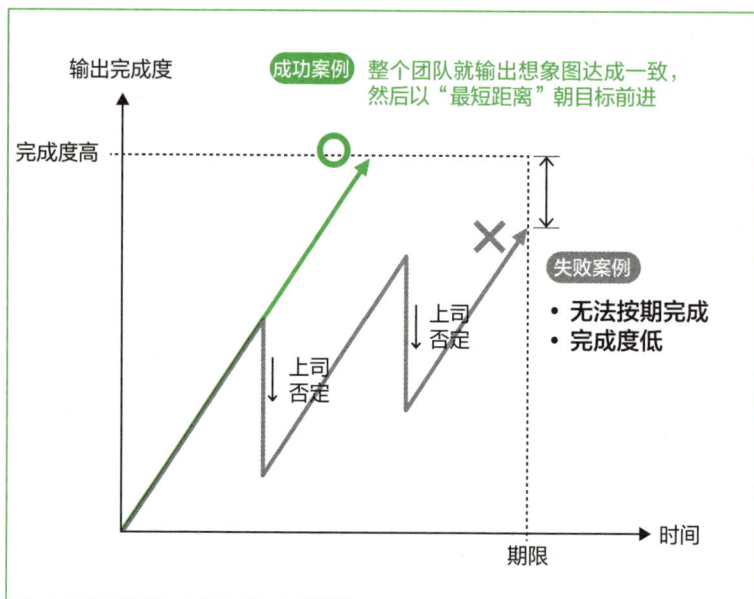

当然也说不清楚。此时，最惨的就是部下了，在接到上司目标不明的指示后，也得按照自己的理解，硬着头皮去做资料。做好呈现给上司后，上司看了觉得"这和自己想要的数据不太一样"，便要求部下修改。结果改完再看，还是不行……反复多次的修改导致的结果是在限期内无法完成，或者完成度不够（上图中的失败案例）。

为防止此类失败的出现，**应该事先将输出想象图设计好，并在整个团队中（从上司到部下）共享，对输出想象图达成共识之后，再按照"最短距离"向目标前进，才能提高作业的速度和质量**（上图中的成功案例）。

本书的前半部分就是在教大家掌握顺畅的团队沟通方式，寻找到通向目标的"最短路径"。

〉〉〉 本书的后半部分：
将快捷键的作用发挥到极致，把Excel作业的生产性提高10倍！

为什么有的人工作效率高，有的人工作效率低？我认为，最能拉开差距的因素就是对Excel软件使用的速度。其实，制作Excel资料的时候，可以完全抛开鼠标，只敲击键盘（使用快捷键）就完成全部Excel的操作。但是，大多数商务人士制作Excel资料的时候，都离不开鼠标。而使用鼠标，无疑会大大拖慢工作的速度。

在外资投资银行中，刚入职的新人就被要求必须掌握极速Excel操作技巧。我当初刚入职外资投资银行的时候，就把Excel快捷键清单贴在办公桌最显眼的地方，天天苦练高效制作财务模型的技巧。

就我个人的经验而言（当然，可能有些主观），熟练掌握Excel快捷键的人和不会用快捷键的人，制作Excel资料的速度会有10倍之差。我在举办Excel讲座的时候，有时我会当场为观众展示自己高速敲击键盘制作Excel资料的场面。台下的观众无不惊愕，有的人甚至目瞪口呆说不出话来。我不是为了"炫技"，只是想让观众朋友们知道，原来还可以如此高速地操作Excel软件。

最近很多企业格外关注员工的工作效率，在提高生产性方面也做了不少努力，但是我觉得，员工使用Excel软件的速度还有巨大的提升空间。我希望朋友们可以通过这本书，掌握Excel操作技巧，把工作效率提升到一个新高度。

不过，在这里我也想强调一点，"Excel操作速度快"并不能完全和"工作能力强"画上等号。**熟练掌握Excel软件各种快捷键的应用，提高工作效率，最重要的意义是让您有更多的时间来"思考"。**

工作速度快 → 思考时间多

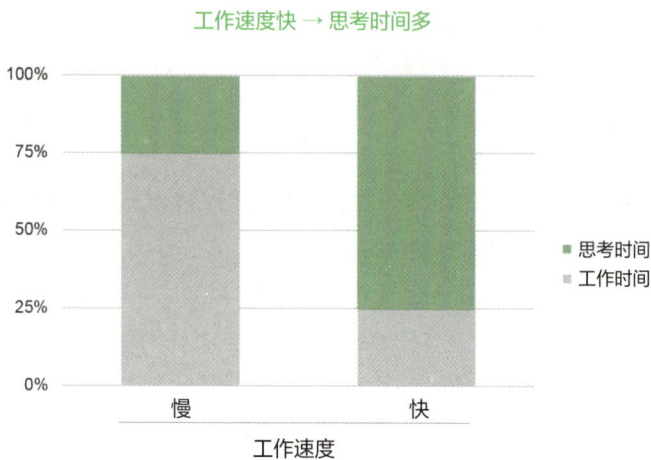

图例:
- 思考时间
- 工作时间

横轴：慢　快
横轴标题：工作速度
纵轴：0% 25% 50% 75% 100%

本书所讲解的操作内容，基于 Windows 7 系统、Excel 2013 版本。

如果您使用的电脑的系统、Excel 版本与本书有所不同的话，那么在操作的时候，软件功能、操作顺序可能有所出入，望知悉。

另，书中 Excel 操作界面图片保留日文版，仅在涉及主要操作上以中文标注。

为什么精英都是

极速 Excel 控

目 录

Part 1　设计篇

Step 1　设计输出想象图

Step 2   制作输入→输出设计图

Step 3   制作路线导航图

Part 2 技巧篇

Part 1

设计篇

01

Excel作业速度，取决于"事前的准备"

"我读了很多介绍Excel软件操作的书，也参加了不少Excel讲座，虽然掌握了一些操作技巧，可还是经常不知该从何处下手，工作效率也没有明显的提高……"我在给企业做员工培训或周末举办Excel讲座的时候，经常能听到类似的抱怨。

在制作Excel资料的时候，最初的一个程序大家往往都忽视了，那就是首先要确定自己要制作什么样的资料、什么样的表格。可是，现有的Excel相关书籍，大多都省略了这个最为重要的步骤。就拿我自己来说，虽然在制作Excel资料之前，会事先做足准备工作，但因为是无意识的行为，所以以前也没有专门把这个步骤拿出来详细讲过。

在这一章中，我将以制作收益计划和公司内部销售额的资料为例，给大家介绍制作Excel资料的基本思维方式。这种思维方式，是所有行业在制作Excel资料时共通的底层思维方式。

从零开始制作Excel资料的时候，要想提高作业速度，**最重要的是事前进行"设计"**。

举例来说，在开发系统的时候，第一步我们应该做什么？首先应该明确开发的目的，然后按照这个目的，对各个要件进行定义，并明确必要的系统功能。再以要件定义为基础，确定开发进度表，然后才能开始开发工作。没有哪个系统开发团队敢省略这些事前设计，就盲目开始开发工作。如果没有事前设计好的话，进行开发工作就像无头苍蝇，势必走很多弯路，从而造成不可估量的浪费。

使用Excel软件制作收益计划也好，收集某些数据也罢，其实也是一种需要严密计划的系统开发工作。尽管如此，**在很多情况下，商务人士在制作Excel资料的时候，依旧常常忽略事前设计这一重要环节**。缺少事前设计环节，开始Excel作业后，就会不断遇到各种困难或障碍，从而耽误大量时间。

〉〉〉 加速Excel作业的3个设计程序

和系统开发一样，缺少设计环节的Excel作业，是非常低效率的。尤其是需要分析大量数据的Excel作业，因为工作量巨大，很多商务人士迫不及待地想马上开始工作，以便尽早完成。但这是不明智的举动，最后肯定会花更多的时间。所以，一开始必须先对整体工作进行设计。

举个例子，假设我们接到一个任务——用Excel制作下一年度的销售计划，上司提出要求："我想要一份下一年度的销售计划，请按照店铺、商品种类等分类显示计划，越'细致'越好。"

由于上司提出了"细致"的要求，我们需要把各种精细数据填入Excel表。可是结果，我们准备的大部分数据，都难以得到上司的认可，似乎并不是他想要的数据。我们为此却花费了大量的时间和精力。

像这个例子中的情况，**上司只是凭感觉想看某些详细数据，可是对这些数据他自己并没有清晰的定位。然后就让部下制作"细致"的数据资料。结果势必造成浪费。其实，这样的情况在企业中还是非常普遍的**。"具体需要哪个项目的数据"，明确这一点，就像在开发系统前"定义要件"一样重要，省略这一步骤便盲目开始工作，效率势必非常低。

寻找需要的数据要花大量时间，遇到计算量大、计算过程复杂的数据，还容易出错。所以，在制作资料之前，整个团队（从上司到部下）必须统一思想，明确认识到——**缺少事前设计的环节，盲目开展Excel作业，是非常不明智的。**

为了高效开展Excel作业，事前必要的设计程序有3个：

（1）设计输出想象图

（2）制作输入→输出设计图

（3）制作路线导航图

02

设计的整体样貌

　　再重复一次，为了顺利地制作Excel资料，我们需要先确定输出想象图（暂定的Excel资料），为了实现这个输出想象图还要制作设计图和路线导航图（"由谁""在什么时间内""做什么"）。这三个设计步骤非常重要。在进行详细讲解之前，我先说明一下这三个步骤的流程。

》》》 输出想象图→设计图→路线导航图的流程

　　在**"设计输出想象图"**阶段，团队全体成员应该明确需要什么样的数据（输出的最终目标）。如果目标模糊不清的话，后面的程序就很难开展。所以这一步非常重要。

　　在**"制作输入→输出设计图"**阶段，为了实现输出想象图，得确定需要哪些输入数据（数值）。

　　在**"制作路线导航图"**阶段，要确定"由谁""在什么时间内""做什么"，即明确每个人的责任。

　　当然，Excel表格制作完成，并不表示所有工作全部完成了。还要检验数据的合理性，由团队成员协力合作对计算进行验算、修正。至此，Excel作业才算初步完成。

　　后面几页的图1-2至图1-4，就是设计输出想象图、制作输入→输出设计图、制作路线导航图的例子。另外，图1-5讲的是图表。制作图表的目的是帮助我们讨论出资料的要点。

　　下面我们就一起来看一下3个设计环节的具体情况。

图1-1 输出想象图→设计图→路线导航图

（1）输出想象图

（1）确定Excel资料分析的目的是什么
- 确定具体目的

（2）确定比较、分解的对象
- 与过去的比较
- 与其他的比较
- 分解的粒度

（3）共享输出想象图
- 团队全体成员共享输出想象图
- 明确语言的定义

（2）设计图

（1）明确必要的输入

（2）决定Excel工作表的排列顺序
- 计算逻辑→工作表排列顺序

（3）明确分担内容、分享方法和分享频率

（3）路线导航图

（1）确定进度表、职责担当
- 防止遗漏工作项目

（2）检验Excel数字的合理性
- 计算完成并不代表资料完成

（3）最终调整、决定
- 对数字进行最终检查

图1-2 **（1）设计输出想象图**

			2017年度						
			4月	5月	6月	7月	8月	9月	10月
销售额		千日元	161,000	187,000	205,000	230,000	278,500	313,000	369,000
日本		千日元	121,000	135,000	141,000	150,000	166,000	178,000	189,000
	销售数量	千个	121	135	141	150	166	178	189
	平均单价	日元	1,000	1,000	1,000	1,000	1,000	1,000	1,000
美国		千日元	40,000	52,000	64,000	80,000	112,500	135,000	180,000
	销售数量	千个	50	65	80	100	125	150	200
	平均单价	日元	800	800	800	800	900	900	900
费用		千日元	9,500	10,500	11,000	12,000	12,500	13,000	13,500
	广告宣传费	千日元	4,000	4,500	4,500	5,000	5,000	5,000	5,000
	人工费	千日元	2,500	3,000	3,500	4,000	4,500	5,000	5,500
	房租	千日元	2,000	2,000	2,000	2,000	2,000	2,000	2,000
	其他	千日元	1,000	1,000	1,000	1,000	1,000	1,000	1,000
利润		千日元	151,500	176,500	194,000	218,000	266,000	300,000	355,500

输出想象图意味着你通过Excel资料想展示什么样的数字，在制作资料之前，这是必须确定的。

图1-3 **（2）制作输入→输出设计图**

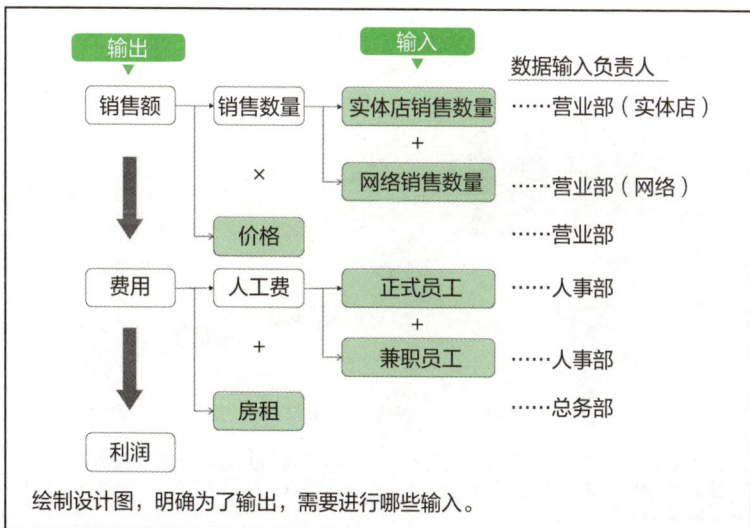

绘制设计图，明确为了输出，需要进行哪些输入。

图1-4 **（3）制作路线导航图**

制订收益计划的日程表

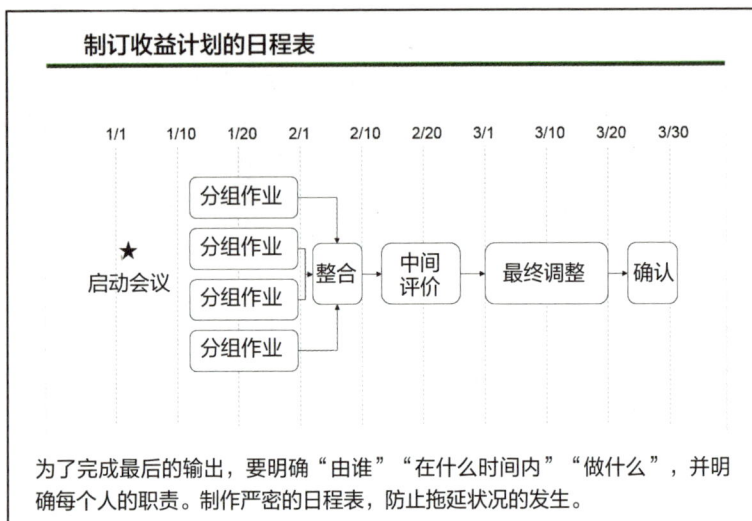

为了完成最后的输出，要明确"由谁""在什么时间内""做什么"，并明确每个人的职责。制作严密的日程表，防止拖延状况的发生。

图1-5 **使用图表明确讨论的要点**

费用详情（2017年度）

上面是使用瀑布图展示费用详情的例子。通过这个图表，我们可以清晰地看出，材料费和人工费占总费用的比例最大。所以，这两项费用，应该作为讨论的重点。

首先大致做一个 "暂定Excel表"

Excel作业的第一步，是设计输出想象图。什么是输出想象图呢？就是后面图1-6、图1-7的样子。填入哪些数字？最终呈现出来的表格将是个什么形式？我们要事先对这些进行一个想象，或者说先制作一个"暂定Excel表"。

为什么在正式开始制作Excel资料之前，要先设计输出想象图呢？因为这样做有两个好处：

（1）在作业过程中不会迷失方向，作业速度也能提升；

（2）团队成员共享输出想象图，有了共同的目标，协作起来更加顺畅，减少回头来修改的情况。

您可以尝试一下在没有设计好输出想象图的情况下，就开始制作Excel资料。做着做着，您就会发现，"这个项目的数字该不该填入表中呢""以往年度的数字，该追溯到几年之前呢"，各种各样的问题会不时跳出来干扰您的思路，弄得自己也不知该往哪个方向走。心烦意乱的情况下，计算也容易出错，从而导致效率极其低下。所以，只有在开工之前扎扎实实地设计好输出想象图，然后按照想象图的方向集中精力一鼓作气，就可以很快把Excel资料做好。

》》 制作Excel资料的过程中最大的浪费是"修改或重做"

事前必须设计输出想象图的另一个理由是，可以在开工之前让全体团队成员共享输出想象图，即统一思想，建立共同目标。我们可以通过让相关人员预览输出想象图，收集经营管理层、上司、部下、其他部门同事的各种诉求，然后在团队中分享这些诉求，让大家都知道该制作一份什么样的Excel资料。

举例来说，下面的图1-6就是一份输出想象图。

图1-6　输出想象图的例子

	2013年	2014年	2015年	2016年	2017年
销售、管理费用					
百万日元					
广告宣传费	503	525	586	816	1,069
电视广告	252	274	335	565	818
杂志广告	251	251	251	251	251
人工费	150	170	191	211	232
正式员工	108	115	130	155	179
合同工	42	55	61	56	53
房租	150	160	171	182	192
东京	80	80	90	90	90
大阪	20	20	20	30	30
纽约	50	60	61	62	72
其他	95	102	110	118	127

图1-7　以图表形式呈现的输出想象图

销售额变动情况

（百万日元）

- 本公司　■ 竞争对手A公司

制作好输出想象图后，我们把它交给经营管理层的领导审阅，他们提出"关于杂志广告，想看到具体每种杂志所花费的广告费"。

得到这个具体诉求之后，我们在正式制作Excel资料的时候，就可以把杂志广告费的详情呈现出来。

但是，如果没有设计输出想象图，就无法事先分享给其他人，自然无法得到任何诉求和反馈。等正式Excel资料制作完成之后，再分享给其他人，那很可能收到各种各样的反馈意见，比如"关于杂志广告，我想了解得更细一点"。这个时候，我们就不得不对Excel资料进行修改甚至重做，这是拖慢工作速度的重要原因。正式资料完成之后，被要求加入新数据，我们还得以新数据为基础重新进行计算，这样多花费的时间，不亚于从头做一份资料的时间。

我估计很多朋友都经历过事先没有经过良好沟通，也没有设计好输出想象图，就开始做资料的体验。当资料完成之后，又收到来自各方的修改请求，于是不得不花时间修改、重做。为了防止这种状况的发生，事先一定要认真听取各方意见，把输出想象图设计完美。

》》 最初的想象图，表格可以空着，也可以随便填一些 假想数字

设计制作输出想象图的时候，最重要的一点就是"大体差不多就行"，目的是迅速完成。

其实，只要设计好输出想象图的框架，即使不填入数字，也可以让大家通过表格、图表的结构了解这份Excel资料的重点。所以，像下一页图1-8那样的空表格，或图1-9那样填入假想数字的表格，都是没问题的。但有一点大家要注意，我虽然说可以填入"假想数字"，可这些数字也不能太离谱。如果填入的数字脱离现实太远，容易引起读者的误会。我的意思是，在设计输出想象图的阶段，没有必要花时间寻找精确的数字，只要大体差不多就行。

在输出想象图中填入假想数字的时候，一定要注明"假想数字"，以免读者将其当作真实数字。

举个例子，假设我要制作一份销售计划的Excel资料，我先设计输出想象图，结构设计好了，我要填入假想数字。如果我忘记注明数字都是"假想数字"的话，当上司看到这份输出想象图时，就会产生疑惑："2021年的销售额达到了783百万日元？这个数字是怎么算出来的？"结果，上司关注的焦点就会由整份计划转移到对数字来源的探究上。也就是说，因为我没有注明"假想数字"，结果"成功"把上司的关注点带偏。人有一个特性，就是看到数字时，就想追究一下这个数字的可靠性。为防止读者在"假想数字"上花多余的精力，就要像图1-9那样，明确标注出"假想数字"。

图1-8　　输出想象图可以使用空表格

	A B	C	D	E	F	G	H
1							
2	销售、管理费用						
3	百万日元						
4			2013年	2014年	2015年	2016年	2017年
5	广告宣传费						
6		电视广告					
7		杂志广告					
8	人工费						
9		正式员工					
10		合同工					
11	房租						
12		东京					
13		大阪					
14		纽约					
15	其他						

图1-9　　"假想数字"一定要标明

销售计划想象图（图中数字为假想数字）

（百万日元）

- 1,000
- 750
- 500
- 250
- 0

2017年	2018年	2019年	2020年	2021年
100	160	256	435	783

专栏 投资银行的输出想象图总是"超"具体

对很多朋友来说，在工作中都有一个困扰，就是上司下达的指示不够具体。例如，上司说："给我制作一份A公司销售额变动情况的图表。"或者："我想了解一下咱们公司和B公司在财务上有什么差异，你做一份Excel表格给我。"

可是，这种程度的指示，会让部下很困惑。因为"销售额变动情况"，指的是过去几年的变动情况呢？关于"财务上的差异"，领导具体想看哪些方面的数字呢？

但是在投资银行，就不会出现这种情况。当上司指示下属制作资料的时候，一定会提出非常具体的内容要求。举例来说，上司会手绘一张输出想象图（如下页图所示）交给下属，让他按照想象图制作资料。看到这张手绘图，部下心里就非常清楚了，他会寻找A项目和B项目在过去3年间的销售额，然后据此制作资料。

上司给出非常具体的指示，不管是对上司还是对部下来说，都是非常高效的事情。以前在投资银行工作时，前辈给我下达制作资料的指示时，都会手绘一份想象图草稿给我。我第一次看到前辈的手绘草稿时，感到非常震惊。其中的格子是用直尺画出来的，非常精美。而且，表格、图表中的数字也是专门查过的。我当时心想："这份草稿不当作制作Excel或PPT资料的想象图，直接当作营业资料也未尝不可。"

A公司的经营业绩摘要

- A、B两项事业都处于成长期
- B项目在2017会计年度的销售额达到××百万日元

销售额变动情况

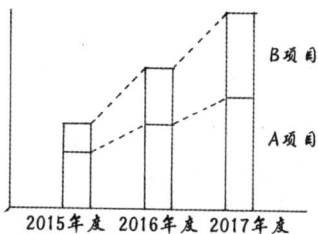

- A公司比B公司的营业利润更高
  (1) 销售额相对较低;
  (2) 广告宣传费控制得很好。

A、B两家公司的比较

	A公司	B公司
销售额	××	××
毛利润	××	××
广告宣传费	××	××
营业利润	××	××
现金、存款	××	××
所有者权益	××	××
员工人数	××	××

04 “想知道什么？”——目的左右形式

设计输出想象图的时候，首先要做的事情就是“明确目的”。换句话说，就是“明确通过Excel资料想让人知道什么”。

举例来说，制作销售额Excel资料的时候，可以采用很多种形式，比如既可以按照商品分类，也可以按照店铺分类。图1-10中的（1）是按照商品类别制作的销售额表，（2）则是按照店铺类别制作的销售额表。

比较两种形式的销售额表格，我们可以发现：下图（1）的行数要少一点，看起来精练一些；下图（2）要把商品A、商品B的销售数量和价格重复两次，因此行数就多一些。

图1-10 目的不同，形式也不同

（1）按商品分类的输出想象图

销售额		2016年	2017年
销售额（商品A）	日元	594,000	626,400
销售数量	个	550	580
东京店	个	350	400
大阪店	个	200	180
价格	日元	1,080	1,080
销售额（商品B）	日元	245,000	259,000
销售数量	个	350	370
东京店	个	250	300
大阪店	个	100	70
价格	日元	700	700
合计	日元	839,000	885,400

（2）按店铺分类的输出想象图

销售额		2016年	2017年
销售额（东京店）	日元	553,000	642,000
商品A	日元	378,000	432,000
销售数量	个	350	400
价格	日元	1,080	1,080
商品B	日元	175,000	210,000
销售数量	个	250	300
价格	日元	700	700
销售额（大阪店）	日元	286,000	243,400
商品A	日元	216,000	194,400
销售数量	个	200	180
价格	日元	1,080	1,080
商品B	日元	70,000	49,000
销售数量	个	100	70
价格	日元	700	700
合计	日元	839,000	885,400

但据此就说（1）的形式更好？其实也不尽然。

为什么这么说呢？我先举个例子，公司在分析销售战略的时候，发现"大阪店的销售额有所下降，应该采取一些必要的措施扭转颓势"。

这种情况下，（2）就是最为合适的资料形式。因为（2）是按照店铺分类设计的，其中有各地店铺的详细销售数据，对于分析大阪店销售额下降的原因，以及采取相应的对策，有更大的帮助作用。综上所述，**输出想象图的形式，由"想知道什么、想分析什么"来决定**。

〉〉〉 仅凭一句"给我总结一下销售额变动情况"，我们没法开展工作

我们制作Excel资料的形式，会根据目的的不同而发生变化，因此，事先需要明确制作资料的目的。我们在工作中经常能接到上司含混不清的指示，比如"给我总结一下销售额变动情况"。这样的指示，就没有明确的目的，我们无法就此制作资料。

如果上司的指示是"我想了解一下上半年发售的新商品的销售情况"，我们就可以按照商品类别制作上半年商品销售情况表。如果上司的指示是"我想了解销售额增加背后的原因"，我们就可以把销售额、广告宣传费用等相关数据总结成一张Excel表格。可见，只有在目的明确的情况下，我们才能有针对性地制作资料。而且，在不同目的下制作资料的内容也大不相同。

但现实中，有太多上司发出的指示不够明确，就比如前面说的"给我总结一下销售额变动情况"。如果我们按照这个含糊的指示制作资料的话，做完之后上司的反馈常常是："这不是我想看的数据，重新做！"

重做，是Excel作业效率低下的最大原因。所以，**事先明确制作资料的目的，可以有效防止日后的"重做"和"修改"，从而缩短整体的作业时间**。关于这一点，不仅制作Excel资料的工作人员要有意识，那些提出指示的上司、领导、经营管理者，也要重视起来。在提出指示之前，把"自己想要什么样的数据"先梳理清楚。

图1-11　**目的明确的例子和目的不明确的例子**

> ✖ 目的不明确的例子　　　　　　 ◯ 目的明确的例子
>
> 我想了解销售额详情　➡　　• 我想了解过去5年间销售额的变动情况
> 　　　　　　　　　　　　　　• 我想了解哪一家店的销售额增长比较快
> 我想了解费用详情　➡　　　　• 我想了解费用增加的原因

专栏 "击退"指示含糊的上司的必杀词

（1）"这个真的重要吗？"

如果上司给了我们含混不清、目的不明的指示，我们可以用一句提问"这个真的重要吗"让上司重新审视自己的指示。

对此，如果上司能够给出进一步的详细说明，那当然最好了，我们就可以按照明确的目的开始制作资料了。但是如果上司给出的回答依然含糊，比如："这个……我觉得……"，那我们就可以无视他的指示，不用制作资料。因为即使制作了，也没有意义。还是请他想清楚再说。

当我们对不清楚的指示连续提出"这个真的重要吗"的质问时，上司和周围的同事就会觉得"他现在可能很忙""如果我们对提出的指示不想清楚，他会生气的"。这样一来，就可以降低上司给我们提出不明确指示的概率。

（2）"比如……"

对于经常做出不明确指示的上司，我们可以进行具体提问，让他给出清晰回答。

上司："这些经营管理数据，请按照客户类型给我分类总结一下。"

部下："客户类型？比如……"

上司："嗯……大企业、小企业之类的。"

部下："'之类的'是什么意思？还有其他类型？"

上司："还有其他各种各样的类型啊……"

部下："那样的话，现在就请您确定一下到底按什么分类。按企业规模分类我赞成。那还需不需要按行业进行分类？如果按规模/行业进行分类的话，数据就会显得纷繁复杂，反而不容易看明白。我建议还是不要按规模/行业进行分类。"

大体就是这样的追问。不过，在我举的例子中，部下说话的语气不太客气。面对上司的时候，大家还是要耐心、客气一点。

　　总而言之，最重要的是"逼问"出具体的细节，不要带着问题回去做资料，一定要当场问清楚。带着问题回去，日后一定会花更多的时间修改资料，得不偿失。首先向上司确认制作资料的具体目的，回去找到实际数据之后，再来跟上司讨论使用哪些数据合适。这才是制作资料的捷径。

05

输出的两个经典模式："比较"与"分解"

数字单独出现的时候，没有任何意义。

举例来说，"上月销售额为500万日元"。"500万日元"到底是高还是低？是好还是坏？为什么会是500万日元？从"上月销售额为500万日元"中，我们看不出任何端倪。

但是，如果我加上以下三点说明的话：

（1）与前一个月相比，增长了150%；

（2）比竞争对手A公司多了200万日元；

（3）销售额增长到500万日元的原因之一是新商品B的发售，B的100万日元销售额也计算在内。

这样一来，"500万日元"就不再抽象，我们知道了它背后的很多信息。我们对它的理解也深刻了很多。

（1）~（3）的说明，都是比较和分解的结果。（1）是和过去的比较，（2）是和其他公司的比较，（3）是对销售额内容进行了分解。可见，通过比较和分解，数字背后的信息就会浮出水面。

在设计输出想象图的时候，我们首先可以通过比较或者分解来明确资料的目的，然后再尽量以浅显易懂的方式表现出来。这就是输出想象图了。

图1-12 **"输出"大体上可以分为两类**

	例
比较型输出	· 和同类进行比较 · 和过去进行比较
分解型输出	· 按店铺分类的销售额 · 费用的分解（人工费、广告宣传费等）

06

比较型输出分为"其他""过去""其他+过去"3种模式

比较型输出大体上可以分为3种模式：

（1）和同类进行比较；

（2）和过去进行比较：

（3）和同类的过去进行比较。

（1）和同类进行比较，请大家先看图1-13的例子。通过和竞争对手进行比较，可以看到自家公司年度销售数量具有明显优势。

图1-13 通过和竞争对手进行比较，可以看出自家公司在销售数量上的优势

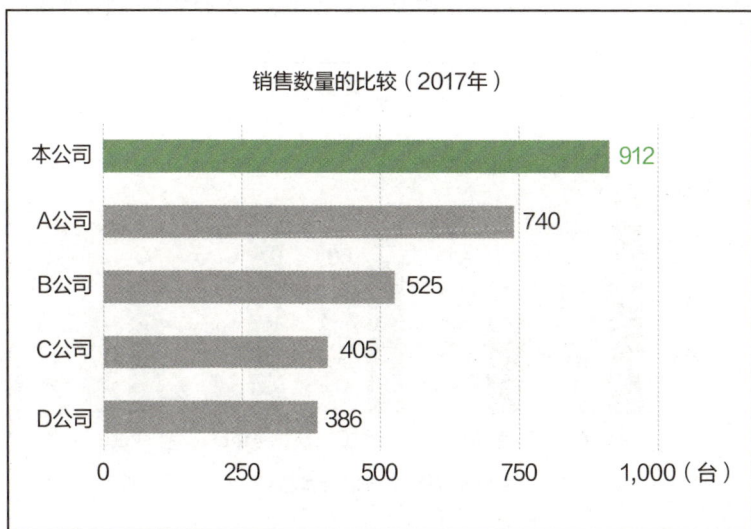

销售数量的比较（2017年）

公司	销售数量
本公司	912
A公司	740
B公司	525
C公司	405
D公司	386

0　　250　　500　　750　　1,000（台）

再看图1-14，是一位员工几次参加公司内部考试的成绩对比。大家可能已经注意到了，在每次考试成绩的旁边，还有部门平均成绩，通过对这位员工的成绩和部门平均成绩进行比较，可以看出他考得好还是不好。

（2）和过去进行比较，请看下页图1-15。某家公司2016年的销售额为783百万日元。但是，单有这样一个数字，我们无法判断这样的销售业绩是好还是坏。于是，我们把过去4年的销售额拿出来进行比较，就可以看出2016年的销售额在增长。

不过，图1-15只是和本公司往年销售额进行比较的资料，并不能看出和竞争对手的差别。在此我举个例子，假设有一家企业的领导，看到公司今年的销售额比去年增长了20%，于是得意忘形地说："真是了不起的成绩！"但如果他们知道竞争对手今年的销售额比去年增长了50%，恐怕就不敢得意忘形了。

图1-14 对个人成绩和部门平均成绩进行比较，把握个人的考试水平

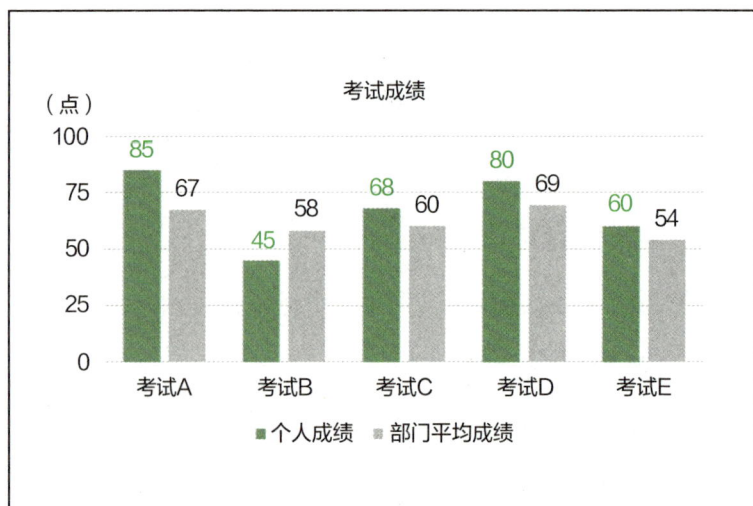

考试成绩

（点）

■ 个人成绩　■ 部门平均成绩

图1-15　和过去进行比较，看出销售额在持续增长

销售额变化情况

（百万日元）

这时，就需要把"和同类进行比较"与"和过去进行比较"结合起来，制作一份像图1-16那样的资料。在这张图表中，不仅对本公司过去几年的销售额进行了比较，同时也比较了竞争对手在同一时期的销售额变化情况。从这张图表中我们可以看到，竞争对手A公司这几年实现了成长，但自家公司的成长速度比A公司还要快。

图1-16 将"和同类进行比较"与"和过去进行比较"结合起来

销售额变化情况

（百万日元）

本公司　竞争对手A公司

07

和过去进行比较，区间的设定方式影响读者的理解速度

在和过去进行比较的时候，"比较区间的设定方式"非常重要，也需要一定的技巧。

比较企业经营的数据时，"月"是最为基础的区间。在公司里，不管是经营状况、广告宣传费用，还是销售情况，都会每月确认一次。制定销售目标时，"月"也是基本时间单位。比如："上个月的销售额是×万日元，所以，本月的销售目标设定为×万日元。"

另外，如果按月比较数据，发现数据起伏比较大，不容易看出趋势的话，可以把比较区间设定为"季度"。

先请大家看个例子，图1-17是按"月"制作的销售额比较图。从图中我们可以发现，每月的销售额有涨有落、起伏不定。但是，如果按照"季度"对销售额进行比较的话，就会出现图1-18的效果，可以非常明确地看出，销售额是在持续增长的。

还有一种方法，就是月度销售额依然用柱状图显示，但在柱状图上用线条显示季度平均销售额，如图1-19所示。虽然制作这样的图表要复杂一点，要多花一点时间，却能同时显示出每月的具体数字和变化的大趋势。由此可见，只是在比较区间上稍加改动，就会极大影响读者对数据的理解速度和深度。

按"月"比较销售额变化情况，因为起伏较大，所以不容易把
握大趋势

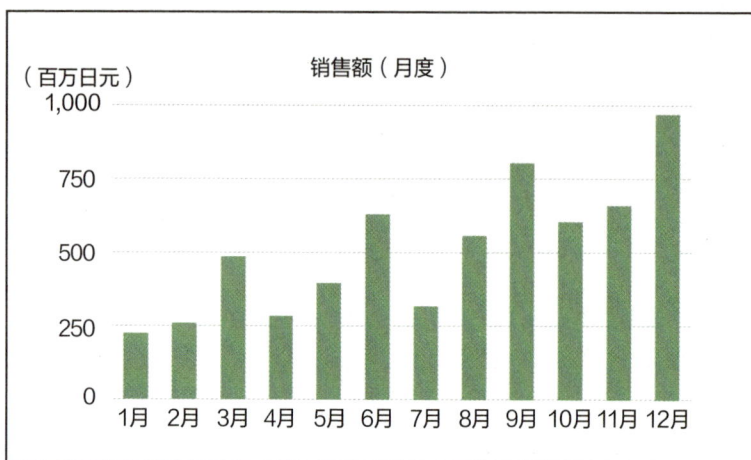

销售额（月度）

（百万日元）

按"季度"比较销售额变化情况，更容易把握变化的大趋势

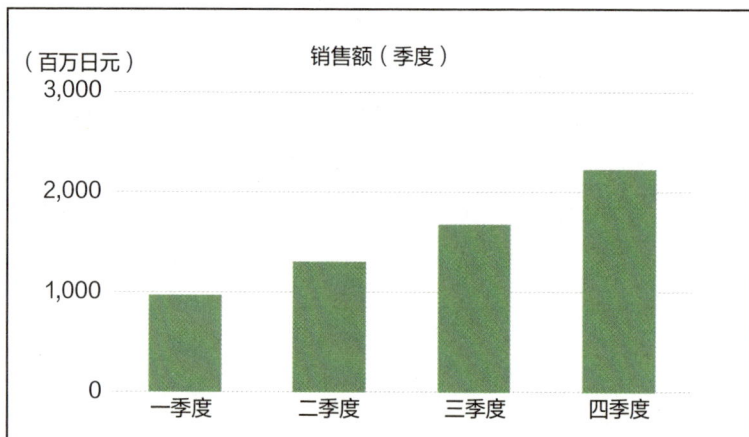

销售额（季度）

（百万日元）

图1-19　将增长趋势和月度起伏结合起来看

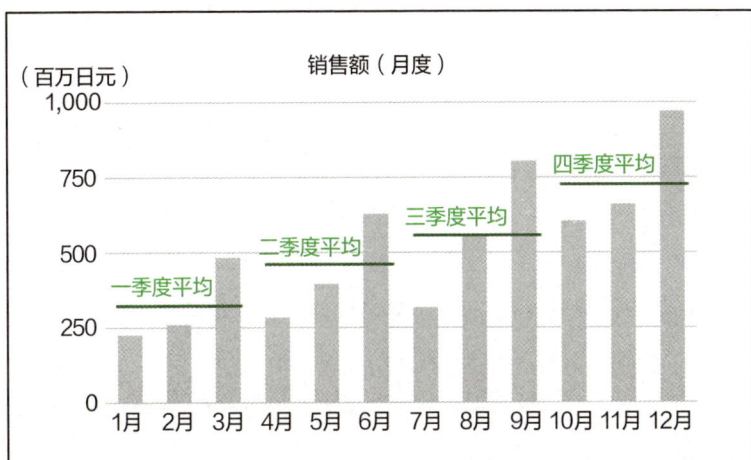

销售额（月度）

（百万日元）

一季度平均

二季度平均

三季度平均

四季度平均

08

和过去进行比较的时候，要准备过去多少年的数据？

在制作和过去进行比较的资料时，比较区间的设定很重要，这一点前一小节已经讲过。这一小节我们一起探讨一下，准备过去多少年的数据合适呢？

其实，这个问题没有一个公开的标准答案，我只是介绍一下我个人的经验，帮助大家建立一个具体的概念。

在分析企业经营业绩的时候，一般准备过去5年的数据比较合适。**3年太短了，不容易发现异常数值**。

举个例子，请看图1-20，这张图中只有过去3年的数据。看了这张图表之后，我们弄不清以下两个问题：

（1）销售额若是处于增长趋势中，2014年为什么出现了暂时下降？

（2）销售额若是处于下降趋势中，2015年为什么出现了暂时增长？

2014年和2015年的数字，到底哪个才是异常的？通过这张图表我们无法做出判断。

》》》 职业投资人会追溯过去10年以上的数字

此时请看图1-21，因为列举了过去5年的数字，我们可以看出，从整体上来说，销售额处于增长趋势中，只有2014年出现了暂时下降。可见，多准备几年的数据，更容易把握整体趋势，也容易发现不规则的异常值。

在实际经营活动中，某些外部原因造成销售额暂时大幅减少，也是常有的事情。比如2008年的次贷危机、2011年的东日本大地震、2014年提高消费税等，对大多数企业来说，经营都受到了影响，销售额出现了暂时下降。但是，要判断这些数据是不是暂时出现的异常数字，就需要把其放到较长的时间内观察。因此，准备5年的数据进行比较，是最起码的要求。

当然，根据实际需要或目的，数据区间的设定也会有所差别。

拿职业投资人来说，在研究一家企业的经营状况时，他们很可能要追溯该企业过去10年间的财务状况。因为在职业投资人眼中，10是一个"景气循环周期"，只有分析比较10年的数据，才能把握企业的真正实力。所以，关于数据的比较区间，没有一个标准答案，大家要根据实际情况准备适当年份的资料。

图1-20　只有过去3年的数字，难以把握销售额变化的大趋势

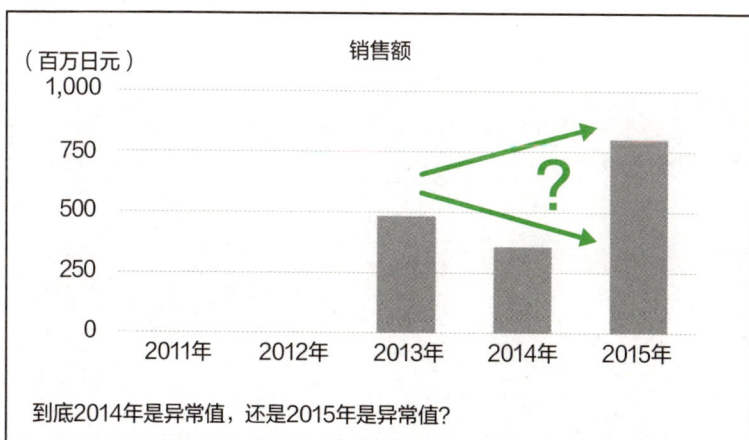

到底2014年是异常值，还是2015年是异常值？

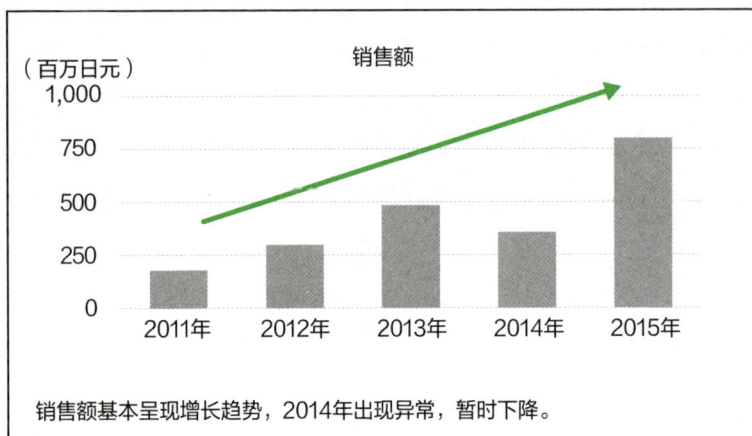

图1-21 有了5年数据的对比，更容易了解销售额变化的大趋势

（百万日元）
销售额

1,000

750

500

250

0

2011年　2012年　2013年　2014年　2015年

销售额基本呈现增长趋势，2014年出现异常，暂时下降。

09

用分解型输出，呈现出"数字背后的理由"

接下来我们学习分解型输出，所谓分解型输出，就是把各种要素分解开来呈现。先来看例子。

图1-22是某公司广告宣传费用的变化图表，将本月的数字和之前4个月的数字进行比较，属于和过去进行比较的比较型输出。

如果制作资料的目的只是想知道广告宣传费用的变化情况，那么图1-22就足够了。但是，为什么会出现这样的变化，这个图表就无法显示出来了。

这个时候，我们需要再向前迈进一步，把输出的目的调整为"想知道广告宣传费用中，哪些具体项目的费用增加了"。于是，就出现了图1-23那种"堆积柱形图"。我们把广告宣传费分解成具体项目，这就是分解型输出（使用Excel软件自带的功能，可以轻松制作出纵向的堆积柱形图）。

从图1-23中我们可以看出，网络广告的增加是推高广告宣传费用的主要原因。另外，还能看到电视广告和杂志广告的萎缩。如果不进行详细分解，我们只知道广告宣传费用增加了，但分解之后，我们还可以了解增加的原因。

由此可见，只用比较型输出，可能无法掌握数字的背景或原因，这时，分解型输出就能派上用场了。

要制作图1-23那种堆积柱形图，其实还有点小技巧。在图1-23中，每根柱形图最下方的项目都是网络广告，而且，我们发现网络广告的比较最为清晰，一眼就能看出它是在不断增加的。与此同时，柱形图从下往上数第二位的项目是电视广告，但要比较电视广告费用的变化情况着实比较困难，到底是增加了还是减少了？需要仔细去辨认。我是想告诉大家，**柱形图最下面的项目，最为显眼，最容易进行比较，因此，要想强调哪个项目，一定要把它放在柱形图的最下面。**

图1-22　通过与过去的比较，可以看到广告宣传费用在不断增加

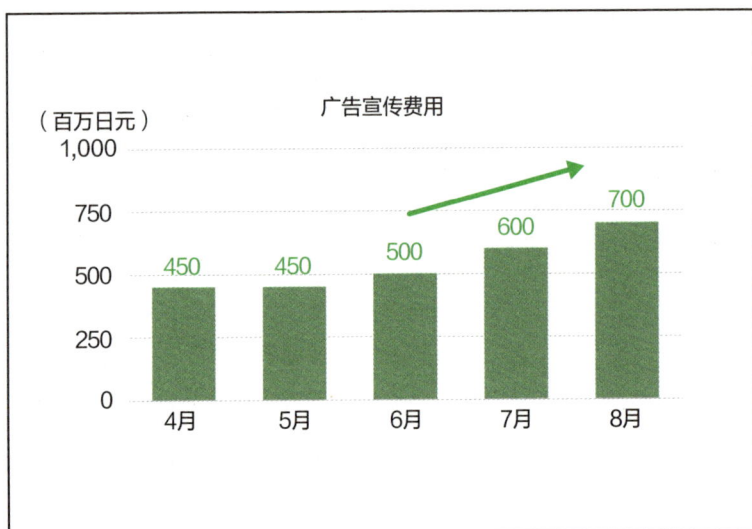

广告宣传费用

（百万日元）

1,000					
750	450	450	500	600	700
500					
250					
0	4月	5月	6月	7月	8月

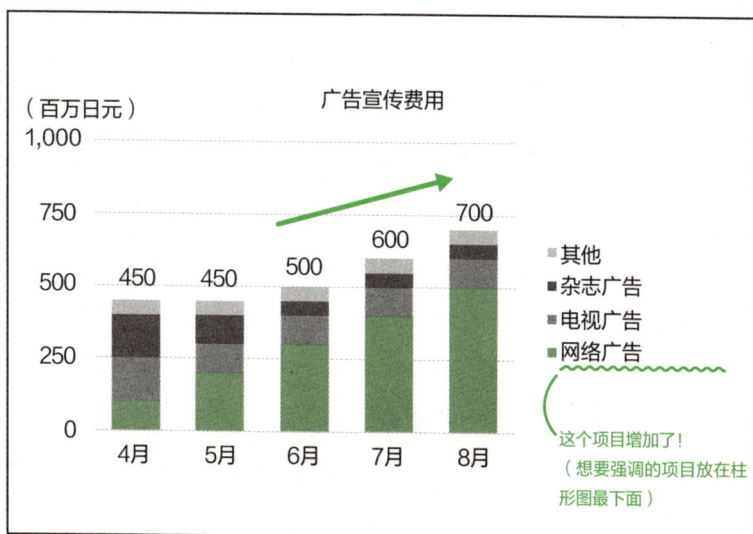

图1-23 使用分解型输出制作图表，可以看到网络广告费用的增加是推高整体广告宣传费用的原因

（百万日元）

广告宣传费用

其他
杂志广告
电视广告
网络广告

这个项目增加了！
（想要强调的项目放在柱形图最下面）

10

在分解型输出中，"数据粒度"不要太细

在分解型输出中，设定"数据粒度"非常重要。所谓"数据粒度"，简单说就是分解数据的详细程度（以销售额为例，所谓粒度，就是按年分、按月分，还是按日分）。

当接到制作Excel资料的任务时，我们会向上司或部门负责人征求意见，一定要问清楚该制作什么样的表格资料。可是，得到的回答大多是："这组数字我想看，那组数字也想看……"另外，作为制作资料的人，我们的一般心理也是希望把数据呈现得越具体越好，似乎这样更令我们安心。

但是，如果把数据分解得过于细致，数字就会变得很复杂。读者在解读的时候，需要花费大量的时间和脑力。所以，要想制作一份可以让人快速解读的Excel资料，数据的粒度万万不可过细。**在Excel资料中，适度的"粗犷感"很重要**。

举例来说，某公司把商品的销售数量按照地域分类进行了总结比较［图1-24的（1）～（3）］。（1）是以国家为单位展示的销售数量，虽然这份资料在数据方面没有问题，但项目过多，读者看起来比较麻烦。

这家公司的商品，主要市场集中在日本和美国。于是，把欧洲各国的销售量合并为"欧洲"、亚洲各国的销售量合并为"亚洲"，就得到了（2）。这样一来，就降低了数据的粒度，读起来就清晰多了。

另外，考虑到欧洲和亚洲市场的销售量加起来还不足总销售量的10%，公司决定以后不会在欧洲和亚洲市场投入更多的力量进行

图1-24　降低数据粒度，提升资料的易读性

✕（1）过于详细

销售量数据（2017年）

	销售量	%
日本	150,000	60.3%
美国	78,000	31.4%
德国	5,000	2.0%
西班牙	3,000	1.2%
法国	3,000	1.2%
比利时	2,000	0.8%
荷兰	1,000	0.4%
中国	4,000	1.6%
韩国	2,000	0.8%
越南	500	0.2%
泰国	100	0.0%
合计	248,600	100.0%

○（2）易读！

销售量数据（2017年）

	销售量	%
日本	150,000	60.3%
美国	78,000	31.4%
欧洲	14,000	5.6%
亚洲	6,600	2.7%
合计	248,600	100.0%

◎（3）更加简洁

销售量数据（2017年）

	销售量	%
日本	150,000	60.3%
美国	78,000	31.4%
其他	20,600	8.3%
合计	248,600	100.0%

推广、销售。制作资料的时候，把欧洲和亚洲市场的销售量合并为“其他”，就得到了（3），显得更为简洁。您可以比较一下（1）和（3），哪份资料读起来更容易理解、更省时？答案肯定是（3）。

总而言之，数据粒度分解得太细，会使资料不易读、不易懂。所以，我们制作Excel资料的时候，应以简洁为上，合并或省略不必要的数据，适当降低数据粒度，以便于读者阅读、理解。

》》对于影响力很小的部分，要敢于“省略”

根据我个人的经验，经理及经理以上级别的管理者，对公司财务和数字都非常敏感，他们基本上都是“能够理解数字要点”的人。也就是说，他们不会一味追求具体详尽的数字，而是善于抓住重要的数字。

不知大家是否了解“帕累托法则”，它是指一小部分的重要因素，往往对整体有重大影响。比如，一家公司八成的销售额一般是由二成的精英销售员创造的。"帕累托法则"在企业分析中很常用。

我有一个朋友，是专门投资综合商社的投资顾问。我曾经问过他："综合商社一般涉足多个行业，业务错综复杂，分析起来的工作量是不是很大？"结果，那位朋友的回答出乎我的意料，他说："其实综合商社整体销售额的80%都是由小部分主要业务贡献的，我重点分析这些主要业务，对其他业务一带而过。所以工作量也不太大。"

可见，有时"省略"也具有正面的意义。对于贡献小、影响小的项目也进行仔细分析的话，那不知要花费多少时间。其实，省略这部分项目，对整体并不会造成多大影响。我们要拿出勇气，大胆省略影响力小的项目，以免浪费时间。

11

分解型输出，要防止 "组合项目的大暴增"

在制作分解型输出资料时，最为常见的错误是"组合项目的大暴增"。所谓"组合项目的大暴增"，是指因为将多个项目组合了起来，结果造成表格数量的急剧增加。一份Excel资料中要同时展现多个组合项目时，就容易引发"组合项目大暴增"，使表格中的数据异常增多。

举例来说，有一家服装企业，使用Excel管理每月的销售数量。对于制作Excel资料的人，市场部负责人要求"按照商品分类看各类商品的销售额，比如POLO衫、毛衣等"；生产部负责人要求"看S、M、L等各种尺码的销售额"；店面负责人要求"看东京店、大阪店、福冈店等各个店铺的销售额"。

如果把上述所有项目都放进一份Excel表格的话，那将是一份庞大、复杂、难懂的表格［图1-25的（1）～（3）］。

如果只按照商品类别显示销售额的话，（1）的形式就可以了。如果要把商品分类和尺码分类一同显示的话，那么表格的行数就会增加"商品种类×尺码种类"的数量，即（2）的形式。如果再加入各个店铺，那么增加的行数就是"商品种类×尺码种类×店铺数量"，最后您看到的就是（3）的形式。

我举的这个例子还是比较"温柔"的，各个类别的数量都不多。您可以试想一下，如果商品不是2种而是20种，店铺不是3家而是10家，那么这个表格可能会增加数百行。这就是所谓的"组合项目大暴增"。组合项目一增加，数据的数量就会以"乘法"的级别递增。

图1-25	将商品、尺码、店铺组合起来（就发生了组合项目大暴增！）

（1）按商品种类看　　　　　（2）按尺码看　　　　　（3）按店铺看

	销售数量（千件）		销售数量（千件）		销售数量（千件）	
		2017年		2017年		2017年
POLO衫		4,772	POLO衫	4,772	POLO衫	4,772
毛衣		4,454	L码	1,626	L码	1,626
			M码	841	东京店	997
			S码	2,305	大阪店	592
			毛衣	4,454	福冈店	37
			L码	1,104	M码	841
			M码	2,114	东京店	127
			S码	1,236	大阪店	473
					福冈店	241
					S码	2,305
					东京店	880
					大阪店	919
					福冈店	506
					毛衣	4,454
					L码	1,104
					东京店	730
					大阪店	50
					福冈店	324
					M码	2,114

> 将项目组合起来后，表格的行数就会暴发式增加！

出现组合项目大暴增之后，表格就会异常庞大、复杂，不仅制作者要花很多时间去做，读者也要花很多时间去读。那么，怎样防止这种情况的发生呢？当我们发现项目较多，有可能发生组合项目大暴增的时候，就不要把所有项目都制作在一个表格中，而是像图1-26那样，给每个项目分别制作一个表格。这样一来，就简洁多了，读者读起来也方便。

图1-26　针对商品、尺码、店铺，分别制作独立表格，看起来就清晰多了

	A	B	C	D	E	F	G	H	I
1									
2		销售数量（千件）			销售数量（千件）			销售数量（千件）	
3			2017年			2017年			2017年
4		POLO衫	4,772		L码	2,730		东京店	4,151
5		毛衣	4,454		M码	2,955		大阪店	3,251
6		合计	9,226		S码	3,541		福冈店	1,824
7					合计	9,226		合计	9,226

12

比较、分解，尽量控制在"两个项目"以内

我们可以使用比较或分解两种形式来制作Excel资料，但经常有朋友把比较、分解的项目罗列得过于详细，以至于最后的资料不易读，也不易懂。

我再强调一次，**制作资料，有一个铁一般的原则，就是尽量简洁**。前一小节讲的"组合项目大暴增"就是典型的反面案例。另外，当我们难以控制自己的欲望，"这组数字想填进去，那组数字也想填进去"的话，最后做出的资料就会非常复杂，让读者看得头晕眼花。

作为一个基本标准，在一份Excel资料中，比较、分解的项目最多不要超过两个。

举例来说：

（1）自家公司与竞争对手A公司的销售额对比（和同类进行比较）

（2）按照时间顺序看销售额的变化情况（和过去的比较）

请看图1-27，对自家公司与竞争对手A公司的销售额进行了比较，而且，比较的是从2012年至2016年的数据。虽然比较了两个项目，但看起来并不复杂，基本上一眼就能看透图表中的全部重要信息。

》》》 二维的表格、图表，不擅长呈现3个以上的项目

可是，如果我想在一份表格中同时呈现以下3个项目，会出现什么样的效果呢？

图1-27 同时融入"和竞争对手A公司的比较"与"按时间顺序的销售额变化情况"的资料

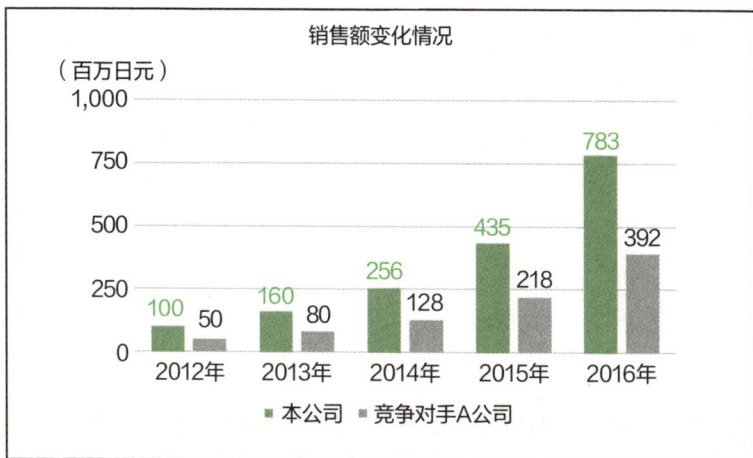

销售额变化情况

（1）对实际业绩和目标业绩进行比较，想看目标完成率（和同类进行比较）

（2）和2015年的数值进行比较（和过去进行比较）

（3）想看各个店铺的数值（按照店铺进行分解）

图1-28就把上述3个项目总结在一张表格里了。虽然这张表不算复杂，但要看数字的变化情况、比较各个店铺的数字，也并不容易。

把这张表格制作成图表就得到了图1-29。虽然表格中的所有数字基本上都能体现在图表中，但因为各个店铺的数值是分离的，所以要比较各个店铺2015年和2016年的数字变化情况，是比较困难的。

或者，您可能会设计出像图1-30那样的图表。在这个图表中，虽然能一眼看出各个店铺当年的实绩和目标的比较情况，但若想比较2016年和2015年的变化情况，就比较困难了。

表格和图表属于二维的表现形式，所以，当比较、分解的项目超

图1-28 将"目标、实绩、完成率""2016年与2015年的比较""各个店铺的数值"3个项目放在一张表格里

	2015年			2016年		
	目标	实绩	完成率	目标	实绩	完成率
东京店	300	314	105%	330	339	103%
大阪店	150	184	123%	200	206	103%
福冈店	100	118	118%	150	171	114%

销售数量的目标完成情况

图1-29 将"实绩与目标的比较""2016年与2015年的比较""各个店铺的数值"3个项目放在一张图表里(之一)→不易读不易懂

销售数量的目标完成情况

图1-30 将"实绩与目标的比较""2016年与2015年的比较""各个店铺的数值"3个项目放在一张图表里（之二）→不易读不易懂

销售数量的目标完成情况

过2个的时候，就很难清晰地呈现出来了。从读者的角度来说，既不易读也不易懂。因为，要想制作出易读易懂的Excel资料，一定要牢记，一个表格最多呈现两个项目。当比较或分解的项目达到3个或3个以上时，请像图1-31那样，分成两个表格或图表来制作。

图1-31 将3个比较、分解项目，用两个图表进行呈现

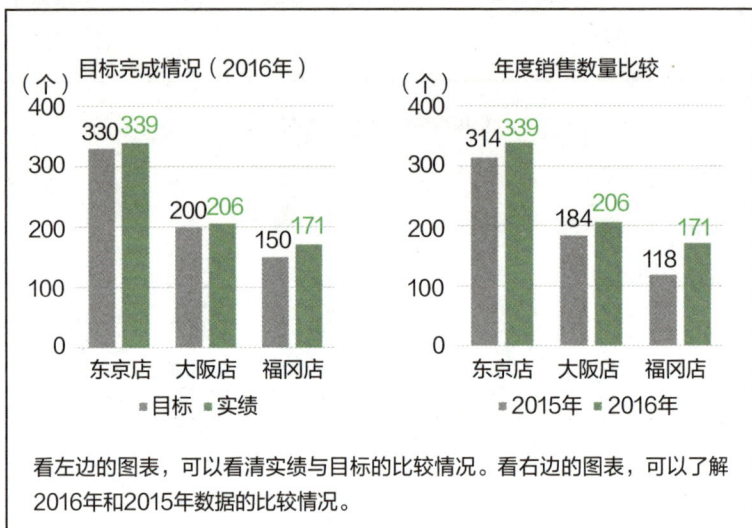

看左边的图表，可以看清实绩与目标的比较情况。看右边的图表，可以了解2016年和2015年数据的比较情况。

13 具体确定比较的对象、分解的数据粒度（在作业开始之前！）

假设公司的上司要求您做一份资料——"请你使用Excel制作一份资料，对咱们公司和其他公司的财务状况进行比较。"

这个指示虽然相对于"我想了解咱们公司的财务状况"要明确一些，但对于比较对象是什么，并没有给出明确指示。所以，还属于比较模糊的指示。

这时，如果您不向上司确认比较对象，而是把现有的竞争对手A公司、B公司、C公司、D公司、E公司都作为比较对象做在资料中，那么结果很可能不能满足上司的心意。上司说："D、E两家公司的规模远远大于我们，现在就把我们跟他们比较没有任何参考意义。"于是，我们回头还得重新制作资料，把D、E两家公司删除。结果，**您收集D、E两家公司的数据，再把这些数据做进资料里的时间，就白白浪费了**。

为了避免不必要的浪费，提升工作效率，必须在作业开始之前具体确定"比较的对象"和"分解的数据粒度"。

在工作中，含糊、暧昧的指示屡见不鲜，这是因为发出指示的人并没有搞清楚工作的目的。所以，发出指示的一方，在发出指示之前，一定要明确工作的目的，并围绕这个目的把比较的对象、分解的数据粒度想清楚，然后再指示别人制作资料。这样才不会浪费别人和自己的时间。

》》》 全体人员都应建立时间成本意识——工作是要花时间的

在我们制作资料的过程中，如果上司提出增加比较对象，或者改变分解的数据粒度，我们就需要和上司讨论"修改工作日程"的事宜。

举例来说，当初提出指示的上司确定要与3家竞争公司过去3年的销售额进行比较，我们需要收集的数据就是3家公司3年合计9年的数据。按照我们的工作速度，收集这些数据需要3天时间。

但是，正在我们着手搜集资料的时候，上司突然提出："我觉得还是与5家竞争公司过去5年的销售额进行比较更为妥当。"这样的话，我们需要搜索的数据就是5家公司5年合计25年的数据。

这可是之前预计工作量的近3倍啊。3天×3=9天。这个时候，就要及时向上司反映，搜集资料的时间比原定时间多了6天，让上司考虑好，是做还是不做。如果确定要做的话，就要延长6天时间。

我们在工作的时候，一定要考虑成本回报率。**如果上司随意增加比较对象、改变分解的数据粒度，就会增加工作人员的作业量，从而造成工作日程的推迟**。工作只靠个人的努力是不行的，如果团队成员不能统一思想，不能全员建立起时间成本意识，那么非常遗憾，制作Excel资料的速度会非常缓慢。

图1-32 **比较、分解的"含糊案例"和"精准案例"**

	×含糊的案例	○精准的案例	必要的理由（目的）
比较	想和竞争对手做个比较	想和竞争对手A公司、B公司、C公司做个比较	通过与商业模式类似的公司进行比较，以了解本公司的财务状况
	和过去的实际业绩做个比较	和过去5年间的实际业绩做个比较	和过去5年间的实际业绩进行比较，以把握业绩变化的情况和趋势
分解	把销售额详细分解开来给我看一下	把销售额按照各个店铺分解一下给我看	感觉个别店铺的销售额最近有所下降。把总销售额按各个店铺分解开来，就可以看出每个店铺的销售情况了。
	我想看广告宣传的详细效果	请总结电视广告、杂志广告、网络广告等各类广告的费用和宣传效果	通过分类总结各种广告的费用和效果，可以找出性价比较低的广告种类，以后取消对此类广告宣传的投入

14 迅速制作输出想象图的"TTP"战略

不管是比较型也好，分解型也罢，要从无到有设计一份输出想象图，还真不是一件容易的事。

迅速设计输出想象图的诀窍在于多收集参考案例。**如果有类似的参考案例作为样本拿来用，就可以大大提高设计输出想象图的速度**。我将这种方法称之为TTP战略[①]。TTP战略的正式名称是"彻底抄袭"战略我取的这个名字是不是超级无聊？但也正因为它无聊，才更容易被人记住，更有利于所有团队成员共享这个方法。

投资银行的职员能够超级迅速地制作财务模型，其中的理由之一就是他们有很多参考案例可供"抄袭"。

举个例子，假设投资银行要计算一项企业并购的收购金额，需要制作一份财务模型。投资银行以前做过很多企业并购的项目，保存有很多财务模型可供参考。只要找出以前相似案例的财务模型，就可以抄袭其样式，迅速制作一份新的财务模型（当然，涉及以前项目的机密信息是不能泄露的）。

另外，还可以从以前制作过财务模型的同事那里学习经验，避免走弯路。总而言之，在设计输出想象图的时候，首先要从收集参考案例开始。

[①] TTP是"彻底抄袭"日语发音的首字母。放在中文中，可以换作"CDC战略"。——译者注

》》 上市公司的IR（Investor Relations，投资者关系）资料，是参考案例的宝库

为设计输出想象图而收集参考案例的时候，首选公司内部数据。

公司内部其实积累了很多经验和成功案例。尤其是大企业，可以说是经验的宝库。做过相似工作的人，可能就坐在隔壁办公室，向他们取经，是个捷径。

即使自己团队中没有人有相似的工作经验，我们还可以向公司里的其他团队请教，说不定他们有经验呢。

举例来说："我们要做销售管理的资料，但不太清楚该用什么形式的Excel表格，你们有经验吗？"这样询问其他销售团队，说不定有意想不到的收获。如果他们做过同类资料，我们就可以借过来当作样本，照着做。这样的数据共享，可以极大提高工作效率。

如果在公司内部找不到参考案例，就要把触角伸向公司外部。

上市公司会在财务报告中公布IR资料。除了季度业绩和重要财务指标，很多公司的IR资料中还会公布中期经营计划。假设我们的公司想要开展一项新业务，就可以寻找商业模式类似的上市公司，从其IR资料中寻找经营计划，将其作为样本来参考。然后结合自家公司的实际情况，就可以高效制作出新业务计划的输出想象图。

另外，除了上市公司的财务报告，网上还能找到各种各样有用的信息，甚至相关企业的新闻也能给我们提供灵感和参考。所以，我们要学会在网上寻找信息，在工作的早期阶段尽量多地收集参考案例，为以后制作输出想象图提供样本。

专栏 询问"有没有参考案例"的邮件在全世界飞来飞去

　　我在投资银行工作的时候，我的邮箱通讯录中有全世界各地分行的分析师的邮箱地址，当然，他们也有我的邮箱地址。一天之中，我会收到很多来自世界各地的分析师的邮件，内容都是向我寻求数据共享。比如："你那里有亚洲银行业的财务比较数据吗？"后来，整个投资银行建立了数据共享的系统，世界各地分享数据就更便捷了。总而言之，我们在开始工作之前，会先收集参考案例。可以说，这就是TTP战略的典型代表。

专栏 把参考案例都保存在一个文件夹中

团队协作制作一份资料的时候，如果每位成员各自收集参考案例，花费的总体时间就会很多，而且，大家参考的样本不同，制作资料的时候也容易出现不统一的情况。为了便于团队成员共享参考案例，我建议整个团队建立一个名为"reference"（参考）的文件夹。把大家收集到的参考案例全部保存在这个文件夹中。以后大家都可以到这个文件夹中寻找所需的参考案例。

这里!　建立一个保存参考案例的文件夹，取名为"reference"

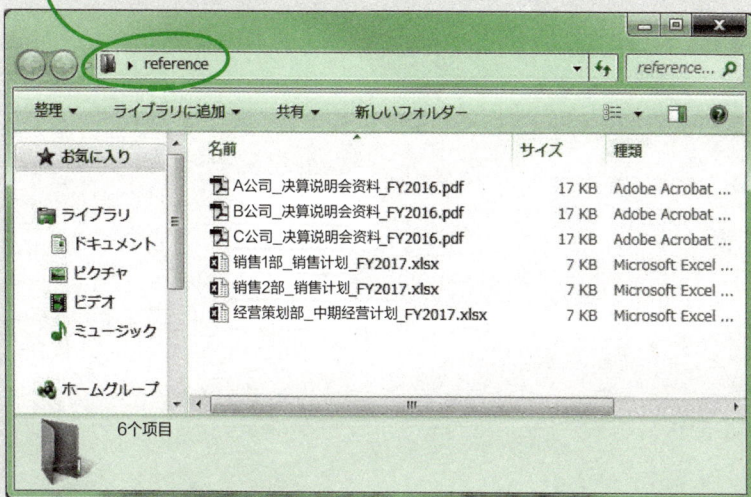

另外，我在投资银行工作的时候，每当公司开始做企业并购项目时，我们最初先要制作PIB。PIB是public information book的缩写，意为公开信息手册。我们会搜集目标企业的财务资料、近期新闻、行业动向等公开信息，然后整理在一个活页文件夹中，制成一本手册。

这本手册相当厚，因为其中包含了目标企业近3年的财务数据、近1年的新闻。看了这本手册之后，对于目标企业及其所在行业，大家都会形成一个大体的认识。而且，有了这本手册之后，制作资料的过程中随时可以查阅，会比遇到问题再临时去查找节约很多时间。

15

召集"全员"开会，共享输出想象图

一旦确定要设计输出想象图，我建议先把全体相关人员召集起来开个会，让大家在思想上达成统一。

特别重要的一点是，要获得位高权重的上层领导的认可。在制作资料的早期阶段，方案获得上层领导的认可，就可以大大降低后期"重做"或"修改"的风险。事先获得"××领导的同意"，我们就可以放心大胆地着手工作了。

如果制作资料之前，没有将预设方案给领导审阅，资料做好之后突然提交到领导面前，领导也会很蒙。这种时候，资料多半不合领导的心意。领导的一句"感觉有点不太对路子"就会把资料打回来，要求重做。这是我们应该极力避免的情况。

很多朋友不愿意把尚未完成的输出想象图交给上司看，这种心情我是可以理解的。但是，如果等完成后再给上司看，被发回修改、重做的风险很高。如果真要修改或重做的话，不仅自己要花更多的时间，其实上司也得付出更多的时间再次审阅。所以，从节约时间的角度来看，还是早期请上司确认方案后再做资料，更为经济。

公司中地位越高的领导，越在意各项经营指标，所以，在刚开始制作资料时，就要尽早召集全体成员开会，针对输出想象图的设计方案进行探讨，让大家达成共识。另外，高层领导和项目经理级别的领导，也不要嫌这样的会议麻烦，因为这是提高工作效率的必要步骤。

而且，这种会议，从上到下的所有相关人员一定都要参加。万万不可只有高层领导和项目经理参加，那样的话，高层领导的意图就要由项目经理再传达给一线工作人员。这种"传话游戏"是非常危险的。如果项目经理没有正确领会高层领导的意图,那么传达给一线员工的时候,就会发生更大的偏差。所以,这样的会议一定要全员参加,让一线工作人员直接聆听高层领导的指示。

16

"给谁看？"——读者不同，
设计的输出想象图也不同

即使使用一模一样的数据源，也可以设计出不同形式的输出想象图，这主要根据读者的角度来定。如果把一线工作人员所需的极其详细的输出想象图给高层领导看，高层领导可能会摸不着头脑，问："重点在哪里？"由此可见，**不同的读者，需要不同的资料形式**。

举个具体的例子，假设需要用Excel资料呈现销售、管理费用的详细情况，如果提交的对象是经营管理层的领导，那就应该考虑像图1-33这样的图表。这个图表，一眼就可以看清"随着广告宣传费用的增加，销售、管理费用有增加的趋势"，对于领导做经营决策会有较大的帮助。

但是，对一线工作人员来说，必须看到尽量详尽的数字。一线工作人员需要像图1-34那样把数据粒度分解得很细的表格，或者像

图1-33 提交给经营管理层的资料，应该突出重点

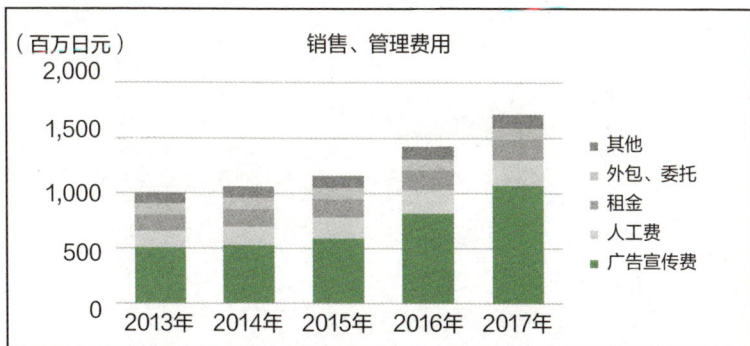

（百万日元）　销售、管理费用

- 其他
- 外包、委托
- 租金
- 人工费
- 广告宣传费

2013年　2014年　2015年　2016年　2017年

图1-35那样将各个项目与前一年的数字进行比较，以把握增长率的表格。

图1-34 面向一线工作人员的资料，数据尽量详细

销售、管理费用
百万日元

	2013年	2014年	2015年	2016年	2017年	
广告宣传费	503	525	586	816	1,069	(1)
电视广告	252	274	335	565	818	
杂志广告	251	251	251	251	251	
人工费	150	170	191	211	232	
正式员工	108	115	130	155	179	
合同工	42	55	61	56	53	
租金	150	160	171	182	192	
东京	80	80	90	90	90	
大阪	20	20	20	30	30	
纽约	50	60	61	62	72	(2)
外包、委托	102	100	98	96	94	
A公司	32	33	35	38	40	
B公司	70	67	63	58	54	(3)
其他	95	102	110	118	127	

（1）广告宣传费的增加，电视广告是主因
（2）租金的增加，纽约分公司的租金增加是主因
（3）外包、委托中，B公司份额减少

图1-35 和前一年的数据进行比较

销售、管理费用
百万日元

	2013年	2014年	2015年	2016年	2017年
广告宣传费	503	525	586	816	1,069
与前年相比	N/A	104.4%	111.6%	139.2%	131.0%
人工费	150	170	191	211	232
与前年相比	N/A	113.3%	112.4%	110.5%	110.0%
租金	150	160	171	182	192
与前年相比	N/A	106.7%	106.9%	106.4%	105.5%
外包、委托	102	100	98	96	94
与前年相比	N/A	98.0%	98.0%	98.0%	97.9%
其他	95	102	110	118	127
与前年相比	N/A	107.4%	107.8%	107.3%	107.6%

但是，"因为是给总经理看的，所以制作一个大趋势的图表就行了"这种想法是要不得的。因为很多经营者对数字异常敏感，他们反倒想看详细的数字。

如果制作的资料要给多个立场不同的人看，那么要按照读者的立场，准备多份输出想象图，然后开会讨论哪个输出想象图更合适。

17 尽早明确"用语定义",降低重做风险

我们在开会讨论输出想象图的设计时,容易把重点放在项目的设定、表格和图表的选择上。这些当然很重要,**但全体成员明确用语的定义也不可缺少。如果因为团队成员对用语存在误解,那么日后修改、重做资料的概率很大。到时,不仅浪费时间,还会给团队成员徒增压力。**

举个例子,为了制订明年的经营计划,上司要求各部门把明年的预计员工人数汇报一下。可是,"员工"是个笼统的概念,正式员工、合同工、兼职员工,都算员工。汇报上来之后,如果某个部门汇报的只是正式员工的人数,而其他部门汇报的是包括正式员工、合同工和兼职员工在内的全部员工人数,那最后肯定还需要再修改,以达到数据统一。

这种错误应该尽早从根源上扼杀,如果资料制作完成才发现,那就不得不修改或重做了。在最初的会议上就应该说明:"这里所说的'员工',包括正式员工、合同工和兼职员工。"只有定义明确,才不会出现歧义,最终制作好的资料才具有统一性。

还有一个容易产生歧义的术语,就是销售价格。因为销售价格分为两种,一是含税销售价格,二是不含税销售价格。从原则上说,在计算销售额的时候,一般使用不含税销售价格进行计算,但有些部门或个别工作人员,会使用含税销售价格进行计算。所以,为统一数据,一开始就要和大家说清楚,比如:"销售价格,请大家使用不含税销售价格。"

另外,外汇汇率也是容易出现混乱的数据之一。涉及对外贸易的

企业，在制订经营计划的时候，一定要确定好汇率标准，否则后期再进行统一，将会非常耗费时间和精力。

》》》 第一张工作表应该是定义清单

像图1-36那样，把术语的定义做成一个清单分享给大家，是一个非常聪明、高效的方法。

Excel资料中的各张工作表，一般是按计算顺序来排序的。这样排序，有助于让读者从整体上把握内容的输出流程（有关工作表的排序，后面我会详细讲解）。

根据这个规则，术语的定义一览表（定义清单），是整个作业的前提，所以应该放在Excel资料的第一个工作表（最左侧的工作表）中。

图1-36 制作术语定义清单

	A	B	C	D
1				
2	定义			
3			定义	注意事项
4		销售价格	不含税	不含消费税
5		员工人数	正式员工、合同工	不含兼职员工
6		系统费用	服务器租赁费	不含购买电脑的费用
7		汇率	1美元=110日元	
8			1欧元=120日元	
9			1英镑=140日元	
10		人工费	包含以下内容：	不包含以下内容：
11			工资	股东报酬
12			奖金	业务委托费
13			法定福利费	

在Excel的第一个工作表（最左侧工作表）上制作术语定义一览表。

而且，这个定义一览表应该整理得清楚明了，以便复制粘贴到PPT中使用。举例来说，要把收益计划资料制成PPT在开会时使用，那么，这个术语定义一览表应该放在PPT的第一页或最后一页，这是制作资料的基本规矩。

专栏 投资银行把"比较""分解"用到了极致

前面我提到过，投资银行在制作资料的时候，会大量使用"比较"和"分解"的方法。

我问大家一个问题，如何估算一家企业的企业价值？一般来说，您可能认为分析师大多会基于对该企业未来收益的预测，来估算其企业价值。但实际上，在计算企业价值的时候，"比较"会发挥很大的作用。

举个例子，假设我们预计A公司今年的纯利润可以达到100亿日元，那么如何计算A公司的企业价值呢？这时，如果我们知道同行业的B公司年度纯利润为50亿日元，而其企业价值是750亿日元。因为A公司的预计纯利润是B公司的2倍，那么我们可以计算出A公司的企业价值为750亿日元×2=1,500亿日元（当然，这只是非常粗略的估算）。

如果能这么容易地估算出一家企业的价值，当然再好不过了。但在实际操作中，远比我们想象的难度大。

（1）找不到比较的对象

第一个难点就是不容易找到比较对象。比较对象需要是和A公司类似的同行业企业，但世间哪有那么多相同或者差不多的企业呀！再有，如今新上市的一些企业，都拥有创新型的商业模式，自身就是新生事物，就更难找比较对象。我印象比较深的是SEVEN银行的上市。SEVEN银行是在711便利店设置ATM机（自助存取款机）的银行机构。该银行可以说是一家ATM机专营银行，这种全新的银行经营模式，别说日本了，就是在全世界也找不到类似的。我记得当时我们估算SEVEN银行的股价时，同事之间就出现了较大的分歧。

（2）先分解再比较

找不到合适的比较对象，这时我们就要先用到"分解"了。日本上市的大型银行，股票价格是怎样确定的？我们可以把这些大型银行的各项业务进行分解。

　　大多数银行都有ATM业务，那么，市场对ATM业务是如何评价的呢？我们经过调查发现，市场对ATM业务的评价很高。和融资业务相比的话，融资业务有一定的风险，因为贷款对象有可能无法还贷。但ATM业务没有这样的风险。因此，专营ATM业务的SEVEN银行，应该比其他大型银行的评价还要高，预计它的股价会更高一些。

专栏　话虽如此，外资投资银行的无用资料也很多！

读到这里，大家可能认为我一直对外资投资银行赞许有加，也许会认为："啊！外资投资银行把工作效率发挥到了极致，应该不会做无用资料。"但实际情况并非如此（外资投资银行的朋友请不要生气）。

举例来说，投资银行面向客户制作的经营资料，一般一份多达数十乃至数百页。用高档纸张打印出来，再用漂亮的文件夹装订起来，一份资料就有几厘米厚。

但是，这些资料对经营真的有帮助吗？其实我认为，资料中的很多分析都用不上。在资料中，会出现一些不知是否有用的海外案例和股价图表。可为什么要加入这些内容呢？理由就是增加资料的分量，一本厚厚的资料拿出去，会让客户觉得我们"很努力"。

我在投资银行工作的时候，也曾多次质疑过，为什么要求我们制作那些没什么用的表格、图表呢？有时我甚至还会为此抱怨上司。但是后来我发现，"这种看似努力的态度"可以让我们获得更多的顾问费，于是便释然了，因为企业都是追求利润的。现在，我也能理解当时上司的心情（可尽管如此，如果上司对我说"你把资料再重新做一遍，多加一些内容"的时候，我还是会感到烦躁）。

"多加些内容，显得我们很努力"的经营战略，可能也是造成投资银行业界难以产生差别化的一个重要原因吧。20年前，全世界的投资银行就那么几家，可现在，投资银行如雨后春笋，冒出来很多。但各家投资银行的经营模式都差不多，没什么太大的差别。因为大家都想以资料的"量"取胜，结果一线工作人员整天都埋没在制作资料的无尽工作之中，没有时间和精力思考差别化经营方式（不过，这也只是我个人的想法罢了）。

18

正式作业之前，先制作 "输入→输出设计图"

Step 1　设计输出想象图

Step 2　制作输入→输出设计图

Step 3　制作路线导航图

前期通过和全体团队成员开会商讨，已经确定了"假想Excel资料"＝"输出想象图"。但是，只看输出想象图的话，还不知道该准备哪些必要的数字。

在正式开始制作资料的作业时，还需要Excel设计图。首先，我想请大家明白的一点是，**Excel资料是由输入和输出两个要素构成的**。所谓输出，前面我一直在讲，就是Excel资料的最终形式。而输入，是指为了计算出输出的结果而需要的数据（数字）。当我们明确输出想象图后，就要收集制作输出结果所需的数字（输入材料）。

》》》 制作设计图，明确需要哪些输入数据

我们通过一个例子来学习设计图的制作。经营策划部的A先生，收到上司的指示——"我想了解下个月的利润预测。"为此，A先生设计了输出想象图（图1-37）。为了制作这一输出想象图，制作的设计图如图1-38所示。

请看图1-38的设计图。为了计算利润，需要销售额和成本的数据。为了计算出销售额，需要"实体店销售数量""网络销售数量"

图1-37 **"下月预计利润"的输出想象图**

	A	B	C	D	E	F	G	H
1								
2		下月预计利润						
3						输入负责人		下月	
4		销售额			千日元			
5		销售数量			个			
6		实体店销售数量			个			
7		网络销售数量			个			
8		成本			日元			
9		价格			千日元			
10		人工费			千日元			
11		正式员工			千日元			
12		兼职员工			千日元			
13		租金			千日元			
14		利润			千日元			

图1-38 **制作设计图，明确所需的输入数据**

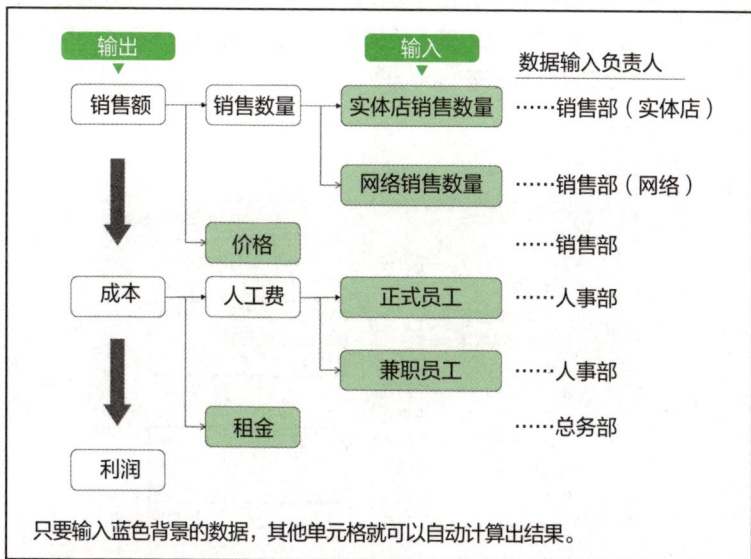

只要输入蓝色背景的数据，其他单元格就可以自动计算出结果。

085

和“价格”3个必要的输入数据（图中蓝色背景部分）。

同样的道理，为了计算出成本，必要的输入数据有“正式员工的人工费”“兼职员工的人工费”和“租金”3组数据。也就是说，有了上述6种输入数据，我们就可以计算利润了。

然后，依据想象图和设计图制作出来的Excel资料就是图1-39。右侧蓝框中是输入数据，只要各个部门的负责人输入相应数据，其他单元格就会自动计算出结果。

如果没有设计图就开始制作Excel资料的话，我们就搞不清需要哪些输入数据，也容易弄错各个部门负责人的职责分工。而且，在制作资料的过程中，还容易发生“关于销售额的数据还不够充分，必须向销售部提出追加数据的请求”，从而造成不必要的误工和浪费。为了防止这些情况的发生，我们必须在开始作业之前，把输入→输出的流程以设计图的形式呈现出来。

图1-39 以想象图和设计图为基础制作的Excel资料。只要请各个部门的相关负责人输入蓝框中的数字，其他单元格中的数字就会自动计算出来

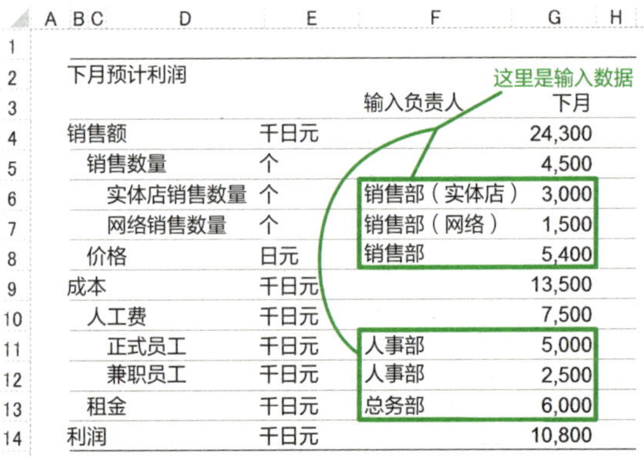

	A B C / D	E	F	G	H
1					
2	下月预计利润				
3			输入负责人	下月	
4	销售额	千日元		24,300	
5	销售数量	个		4,500	
6	实体店销售数量	个	销售部（实体店）	3,000	
7	网络销售数量	个	销售部（网络）	1,500	
8	价格	日元	销售部	5,400	
9	成本	千日元		13,500	
10	人工费	千日元		7,500	
11	正式员工	千日元	人事部	5,000	
12	兼职员工	千日元	人事部	2,500	
13	租金	千日元	总务部	6,000	
14	利润	千日元		10,800	

专栏　把设计图画在白板上，更简单一些

用PPT制作设计图，效果当然更好，但也会花很多时间。如果追求工作速度的话，手绘设计图就可以。

手绘设计图，如果用签字笔画在纸上，遇到需要修改的地方，可能就得重新画一遍，这样也比较费时间。我推荐的方法是在白板上画设计图，定稿之后用手机拍照保存。

使用白板的好处是容易擦写、便于修改，还能使用多种颜色的笔，白板面积也很大等。不过，用手机拍照后，容易发生信息泄露，所以我建议拍照后马上把照片传输到电脑中保存，并立刻删除手机中的照片。

下面的照片就是我在白板上画的设计图的样本。最左侧是输出项目，最右侧是输入项目。从这个设计图中可以清晰地看出，哪个输出项目需要哪些输入项目。

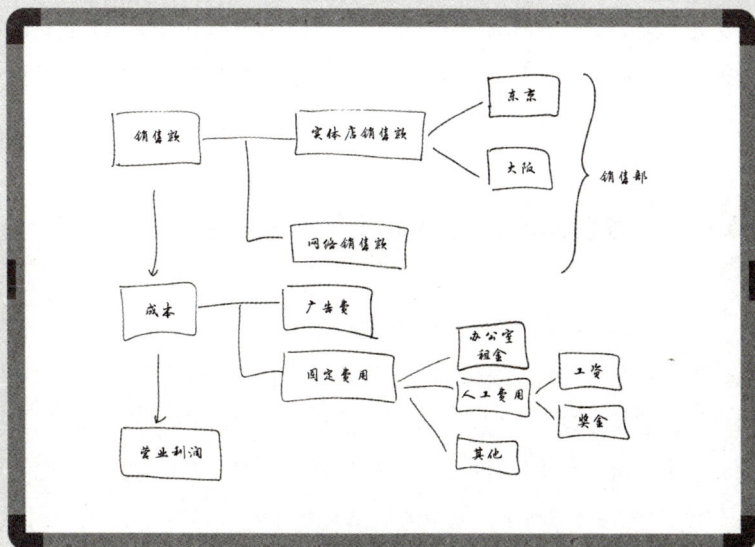

19

设计图制作好，工作表的顺序也就排列好了

各位朋友，当您打开一份别人制作好的Excel文件后，先看哪个部分呢？

要是我的话，会先看Excel下方的工作表标题。前面也提到过，工作表的顺序基本上是按照计算顺序排列的。**浏览了工作表标题之后，就可以大体上把握该Excel的计算过程**。

反之，如果工作表胡乱排列的话，读者就无法理解各个工作表之间的关系，更不用说把握计算流程了。

如果工作表按照设计图的顺序排列的话，自然就和计算的流程保持了统一。也就是说，我们应该按照输入→输出的流程，从左至右排列工作表。当全体团队成员协作制作一份Excel资料的时候，事先制作好设计图（编排好工作表的顺序），每个成员在制作自己那部分资料的时候就不会"迷路"。

〉〉〉 "最终的输出放在最前面"不太合适

下面我们具体看一下设计图和工作表的排列顺序。

管理部有位B先生，总经理给他下达指示："我想看下个月销售额、利润的预计额。"另外，管理部部长也向他提出要求："在提交给总经理之前，先给我看一下。不过，我要更加详细的数据，要提供各个分公司的销售额、广告宣传费、管理费用等。"

该公司在东京和大阪有分公司。要估算下个月的销售额和利润，

需要东京、大阪分公司各自的销售额、广告宣传费、管理费用的数据。这些都是输入项目。于是，B先生决定先向东京、大阪分公司的相关负责人要销售额、广告宣传费、管理费用等的数据，然后自己进行合计计算。

为了制作这份Excel资料，先制作设计图——图1-40。带括号的数字是计算顺序。

（1）～（6）：从东京、大阪分公司获得销售额、费用方面的数据；

（7）：对数据进行合计，制作一张销售额、利润的工作表；

（8）～（9）：面向部长、总经理，各总结一张概要工作表。

这个计算顺序，就可以当作工作表的排列顺序。计算顺序是（1）～（9），Excel资料中的工作表也按照（1）～（9）的顺序由左至右排列（图1-41）。

图1-40　计算销售额、利润的设计图

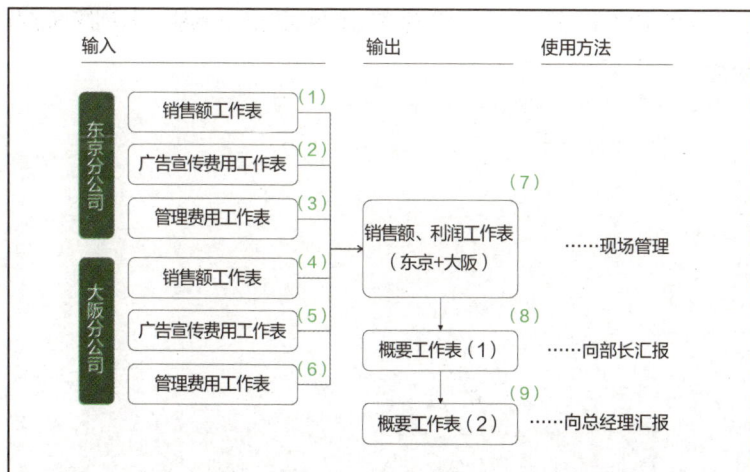

图1-41 **按照设计图（1）～（9）的顺序排列工作表**

(1)	(2)	(3)	(4)	(5)	(6)
东京_销售额	东京_广告宣传费	东京_管理费用	大阪_销售额	大阪_广告宣传费	大阪_管理费用

(7)	(8)	(9)
销售额、利润_详细	销售额、利润_概要_1	销售额、利润_概要_2

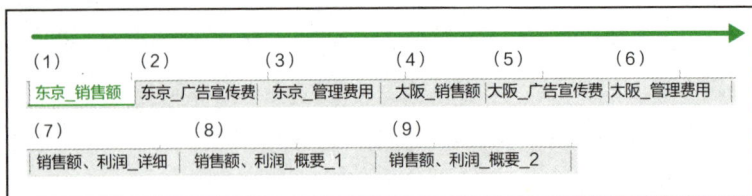

　　操作的要点很简单，就是让工作表的排列顺序和计算顺序保持一致。最终的输出结果——"（9）销售额、利润_概要_2（面向总经理）"的工作表放在最后（最右侧）。

　　很多朋友常见的错误是把最终输出结果的概要工作表放在最前面。这样做的初衷是希望读者打开Excel就能看到最终的输出结果，但这样安排的工作表顺序和计算顺序不一致，容易让读者的思路混乱，所以我不推荐这样做。

　　如果制作PPT资料的话，把概要页面放在最前面是比较常见的，但对Excel资料来说，让读者清晰地看到计算顺序是最为重要的。**如果读者不能把握计算的顺序，就不得不花大量时间进行检查，从而降低工作效率。**

专栏　防止一年只修改一次，别让一份 Excel资料变成"秘制老调料"

　　一份Excel资料中如果有太多工作表，对读者来说简直是噩梦。

　　以前，我的一个客户公司，常年使用一份Excel资料，只是每年对这份资料修改一次，而且多是添加内容。结果，这份资料中有关事业计划和预算管理的工作表出奇地多。只有很少几个内部特定人士才能看懂这份资料。

　　其实，这种情况在实际工作中并不少见。还有一家企业，一份有很多工作表的Excel资料（财务模型）用了很多年，而且每年还要"加料"，他们自己都戏称这份资料是公司的"秘制老调料"。要是做鳗鱼饭的饭店，有自己的"秘制老调料"当然是吸引顾客的法宝，但Excel资料最怕"秘制老调料"了。

　　一份Excel资料如果长期、反复使用的话，不知不觉就会增添很多不必要的工作表，所以，请定期修订Excel资料，删除不必要的工作表。如果制作年度计划Excel资料的话，我建议重新做一份资料，而不要在去年资料的基础上进行修改。

20 确认输入数据的"制作部门" "共享方法"和"更新频率"

　　为制作设计图而整理输入数据时，首先要明确由哪个部门准备哪些输入数据，以及采用什么样的方式共享这些数据，这是非常重要的。请参考图1-42的形式。

　　还有一点很重要，就是输入数据的更新频率。**因更新频率的不同，输入数据的制作部门和共享方法，也会发生较大变化。**

　　举例来说，假设要制作一份体现各个分店销售额的Excel资料，如果只需每月收集一次数据，那么请财务团队每月汇报一次数据就可以了。因为财务团队也不可能掌握每天的销售情况。如果需要每天更新销售数据的话，那就需要一线销售人员每天提供当天的销售额。这时，肯定需要制作一个销售额的系统数据库，以便数据的上传和下载。所以，如果需要每天更新销售数据的话，肯定得仰仗系统部门的配合。

　　如果所有输入数据都可以自动下载的话，是最理想的状态，不过，制作这样的系统需要花费较长时间和较大精力。所以，哪些部分应该手动操作，哪些部分需要通过系统自动完成，这是事先要考虑好、设计好的。手动与自动，需要从成本和性价比出发，根据实际需求来确定。

图1-42 按照"制作部门""共享方法"和"更新频率"来整理输入数据

输入数据	制作部门	共享方法	更新频率
1. 销售额	系统部	从网站下载	每日
2. 人工费用	人事部	通过邮件获得	每月
3. 广告宣传费	市场部	通过邮件获得	每月
4. 其他成本	财务部	每月将数据保存至共享文件夹	每月

21 　找到Excel手动操作与系统化操作的"妥协点"

关于输入数据的系统化操作，我们再进一步探讨一下。

近年来，很多公司都建立了内部数据库，大家可以从数据库下载相关数据，用于制作资料。

从Excel资料制作者的角度来看，从数据库下载数据，并直接用到资料中，是最为理想的工作方式。因为自己手动收集、加工数据比较费时间和精力，所以，利用数据库的系统化操作的效率更高。

但是，实际工作中的数据并没有那么整齐，从数据库下载的数据经常无法直接应用到资料中，还是需要手动操作，对下载的数据进行整理和计算。因此，我们需要在手动操作和系统化操作之间找到一个"妥协点"，或者叫"平衡点"。

举例来说，假设我向开发、维护数据库的系统工程师提出请求："我想提高制作Excel资料的速度，所以希望您在数据库中准备的数据接近输出形式。"可是，因为系统工程师也很忙，一句话就拒绝了我的请求，他说："你自己把下载的数据加工一下不就行了？"无论如何，要求系统工程师按照Excel资料的输出形式准备数据，是有点过分了。

〉〉〉 和系统工程师协作，找到最快的方法

那么，这个"妥协点"到底在哪里呢？

举个例子，假如我想把图1-43这种按时间轴纵向排列的数据变成

图1-43　表格的横纵互换

（1）纵向排列的销售额

	A	B
1	日期	销售额
2	2017年1月	7,523,819
3	2017年2月	7,457,866
4	2017年3月	7,404,777
5	2017年4月	4,874,979
6	2017年5月	7,695,238
7	2017年6月	4,823,603
8	2017年7月	6,667,030
9	2017年8月	6,096,266
10	2017年9月	7,619,910
11	2017年10月	5,283,886
12	2017年11月	5,064,820
13	2017年12月	4,396,141
14	2018年1月	6,458,155
15	2018年2月	6,747,556

（2）横向排列的销售额

	A	B	C	D	E	F
1	2017年1月	2017年2月	2017年3月	2017年4月	2017年5月	2017年6月
2	7,523,819	7,457,866	7,404,777	4,874,979	7,695,238	4,823,603

横向排列（把时间轴横过来）的，我该怎么做呢？

　　如果我请求系统工程师在数据库上把纵向时间轴变成横向时间轴，对方可能会因嫌麻烦而拒绝（当然，这只是我个人的感觉，也许会遇到有耐心的工程师愿意帮我们修改）。其实，在Excel软件中可以简单实现横纵互换，所以，这样的修改完全可以自己手动操作，比麻烦工程师的速度还要快（关于Excel软件中的横纵互换方法，我想很多朋友都知道，所以本书中就省略了具体操作介绍。如果您还不知道互换方法，可以到网上搜索一下，会得到很多解答，稍微学习一下就会了，很简单）。

再举个例子，假设我要将每个客户的销售数量和销售额总结在一份Excel资料中，检索了公司内部数据库后，我找到了"（1）客户名称和销售数量"和"（2）客户名称和销售额"（图1-44）。

如果数据库中存在把（1）和（2）整合起来的数据（3）的话，我就可以直接使用数据（3），从而节约很多时间。但数据库中只有（1）和（2），没有整合的数据（3）。

其实，对系统工程师来说，在开发页面把数据（1）和（2）整合起来，并不太费工夫。在这种情况下，为了提高自己的工作效率，我向工程师提出请求，请他帮忙在数据库中把（1）和（2）整合起来，应该不会遭到拒绝。

当然，哪些输入数据可以系统化，哪些不能，工程师会根据工作量和复杂程度自己判断。另外，我们求工程师帮忙的时限也很重要，比如说："今天您做不完的话也没关系，两周之内帮我做好就行了。"把时间期限放宽，工程师也许就会接受我们的请求。

对制作Excel资料的人来说，哪些数据可以系统化、怎样系统化、要花多少时间、工程师的日程是怎样安排的，是难以把握的。**有的时候，制作Excel资料的人怕给工程师添麻烦，就自己手动整理所有数据。结果，后来和工程师一说，工程师说这些数据可以非常简单地系统化。**如果当初和工程师商量一下，制作Excel资料的人就可以节省大量的时间。

所以，我们在整理数据的时候，要和提供数据的人进行充分的沟通，如果能够找到"妥协点"，就可以在让双方负担都不太大的前提下，提高整体的工作效率。

图1-44 将两组输入数据整合起来

（1）客户名称和销售数量

	A 客户名称	B 销售数量
1	客户名称	销售数量
2	A	1,075
3	B	1,734
4	C	1,230
5	D	1,830
6	E	1,084
7	F	1,891
8	G	1,233
9	H	1,680
10	I	1,756
11	J	1,231
12	K	1,654
13	L	1,107
14	M	1,297
15	N	1,091

（2）客户名称和销售额

	A 客户名称	B 销售额
1	客户名称	销售额
2	A	537,500
3	B	867,000
4	C	615,000
5	D	915,000
6	E	542,000
7	F	945,500
8	G	616,500
9	H	840,000
10	I	878,000
11	J	615,500
12	K	827,000
13	L	553,500
14	M	648,500
15	N	545,500

（3）将（1）和（2）整合起来

	A 客户名称	B 销售数量	C 销售额
1	客户名称	销售数量	销售额
2	A	1,075	537,500
3	B	1,734	867,000
4	C	1,230	615,000
5	D	1,830	915,000
6	E	1,084	542,000
7	F	1,891	945,500
8	G	1,233	616,500
9	H	1,680	840,000
10	I	1,756	878,000
11	J	1,231	615,500
12	K	1,654	827,000
13	L	1,107	553,500
14	M	1,297	648,500
15	N	1,091	545,500

22

"手动操作都是浪费时间" "所有操作都应该自动化"，这种想法是错误的

一般来说，任何工作都是自动化的效率更高一些。如果公司内部数据库中的数据可以直接用于制作资料，那也算一种自动化，工作效率就很高。

另外，函数也是同样的道理。我们输入适当的数据，函数就会帮我们自动计算出结果。这是非常理想的工作状态，不需要一步一步手工操作，就可以得到想要的输出结果。

但是，这种"所有操作都应该自动化"的想法，也有需要注意的地方。Excel函数就是一个典型的例子，如果使用很难的函数计算数据，那么这份Excel资料就会变成复杂、难懂的资料，可能会有不少人看不懂。这样一来，即使出现计算错误，别人也无法帮我们指出来。

》》 锁定数据的时候，手工操作比使用函数还要快一些

在制作Excel资料的过程中，在某些情况下手工操作比使用函数还要更快一些。

举个例子，我们有一组输入数据，如图1-45所示，我们要锁定女性消费者的销售数量和销售额，这时，使用函数的话，就需要花不少时间，操作也比较复杂。另外，如果不仅要锁定女性，还要锁定个别购买日期，那用函数计算就更复杂了。计算一复杂，出错的概率就会增加，而且后期检查也要花更多的时间。

遇到这种情况的时候，只要使用Excel软件的过滤功能，就可以简

图1-45 使用过滤功能锁定数据之前的数据

	购买日期	性别	销售数量	价格	销售额
	购买数据				
	购买日期	性别	销售数量	价格	销售额
5	4月1日	女性	116	3,240	375,840
6	4月1日	男性	151	3,240	489,240
7	4月2日	女性	110	3,240	356,400
8	4月2日	男性	126	3,240	408,240
9	4月3日	女性	193	3,240	625,320
10	4月3日	男性	124	3,240	401,760
11	4月4日	女性	163	3,240	528,120
12	4月4日	男性	161	3,240	521,640

单快速地锁定女性消费者的数据（图1-46）。使用过滤功能，不仅可以锁定性别，还能锁定特定日期。

但是有一点需要注意，使用过滤功能的时候，只会显示出女性消费者的消费数据。在Excel文件上，男性消费者的数据只是被隐藏了起来，并没有被消除。所以，当我们使用求和函数（SUM）计算合计数据时，得到的结果不仅仅包括女性数据，还包含隐藏的男性数据。

所以，使用过滤功能锁定数据之后，要想使用函数给锁定的数据求和，请把锁定数据拷贝到其他工作表，再对拷贝的数据使用求和函数就可以了。

〉〉〉 加工前的工作表一定要保留

手工加工输入数据后，进行计算检查的时候，可能会出现一些

图1-46   使用过滤功能锁定数据……简单!

	A	B	C	D	E	F
1						
2		购买数据				
3						
4		购买日期	性别	销售数量	价格	销售额
5		4月1日	女性	116	3,240	375,840
7		4月2日	女性	110	3,240	356,400
9		4月3日	女性	193	3,240	625,320
11		4月4日	女性	163	3,240	528,120

问题。

比如检查时发现数字不对，虽然我们知道是手工操作时发生了错误，但如果不清楚是哪一步操作出错，也难以找到原因。找不到原因，就得从最初的原始数据开始重新梳理一遍，那可要花费大量的时间。

手工加工输入数据的时候，为了以后把握加工的流程，加工前的工作表一定要保留。

前面讲过，工作表的排列顺序一般情况下和计算顺序是吻合的。我建议大家把加工前的工作表排列在加工后的工作表的左侧（前面）。

（1）加工前的工作表"输入_1"（图1-47）

（2）加工后的工作表"输入_2"（图1-48）

这两张工作表的排列顺序应该是（1）→（2）。

如果（2）"输入_2"还要继续加工的话，那么加工之后的（3）"输入_3"就应该排在（2）的后面。那么，这三张工作表的排列顺序应该是（1）→（2）→（3）。

	A	B	C	D	E	F
1						
2		购买数据				
3						
4		购买日期	性别	销售数量	价格	销售额
5		4月1日	女性	116	3,240	375,840
6		4月1日	男性	151	3,240	489,240
7		4月2日	女性	110	3,240	356,400
8		4月2日	男性	126	3,240	408,240
9		4月3日	女性	193	3,240	625,320
10		4月3日	男性	124	3,240	401,760
11		4月4日	女性	163	3,240	528,120
12		4月4日	男性	161	3,240	521,640

输入_1　输入_2　东京_销售额　东京_宣传费　东京_管理费　大阪_销售额　大阪_宣传费　大阪…

图1-48　加工后的工作表"输入_2"

	A	B	C	D	E	F
1						
2		购买数据				
3						
4		购买日期	性别	销售数量	价格	销售额
5		4月1日	女性	116	3,240	375,840
6		4月2日	女性	110	3,240	356,400
7		4月3日	女性	193	3,240	625,320
8		4月4日	女性	163	3,240	528,120
9						
10						
11						
12						

输入_1　输入_2　东京_销售额　东京_宣传费　东京_管理费　大阪_销售额　大阪_宣传费　大阪…

23

制作路线导航图

Step 1　设计输出想象图

Step 2　制作输入→输出设计图

Step 3　制作路线导航图

　　到此为止，我们已经学过了"设计输出想象图""制作输入→输出设计图"这两个流程。在进入实际作业之前，还剩一个步骤，那就是"制作路线导航图"。

　　什么是"路线导航图"呢？其实就是制作Excel资料的工序表。有些Excel资料，从头到尾由一个人制作完成，也有的Excel资料，需要团队协作，众人共同完成。这次，我们以团队协作制作Excel资料为例来讲解如何制作路线导航图，假设一个团队要制作一份公司整体收益计划的Excel资料。

　　首先，我要提醒大家注意，只有按照之前的两个步骤"设计好输出想象图，并据此筛选出必要的输入数据"，才能把握整个作业的工作量，才能根据工作量安排工序表（路线导航图）。如果前两个步骤的作业不够充分，那么即使制作出路线导航图也会出现这样那样的问题。比如，估计工作量过低，把作业时间压缩得太短等。那么一线工作人员就会疲于奔命，说不定最后也无法在规定的期限内完成任务。

　　当团队协作共同制作一份Excel资料的时候，路线导航图应该分为以下5个阶段（图1-49、图1-50）：

（1）启动会议

（2）分组作业&整合

（3）中间评价

（4）最终调整

（5）确认

图1-49 路线导航图的5个阶段

启动会议	召集团体全体成员开会，分享项目的目的以及最终的输出想象图。
分组作业&整合	分组收集数据，然后由负责汇总的人员将所有数据进行整合，总结到Excel资料中。
中间评价	团队全体成员对总结好的收益计划进行检查、确认。
最终调整	对中间评价中发现的问题进行修改、调整。
确认	团队整体对最终输出结果进行确认，项目完成。

图1-50 通过路线导航图来明确作业顺序和日程表

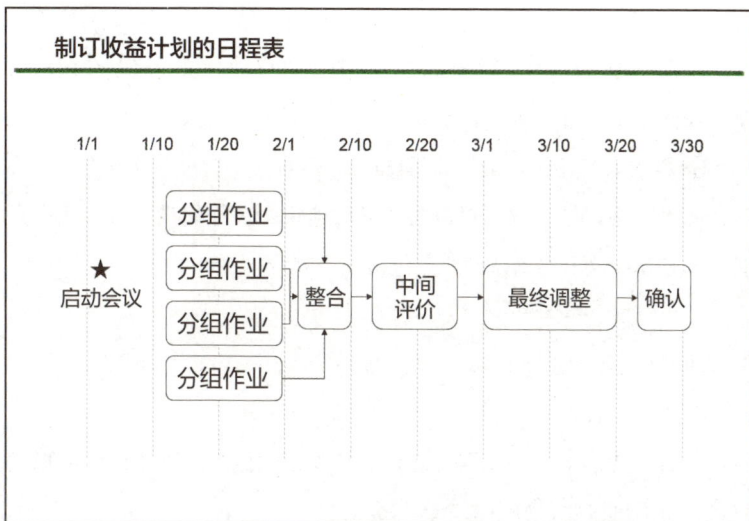

制订收益计划的日程表

1/1　1/10　1/20　2/1　2/10　2/20　3/1　3/10　3/20　3/30

★ 启动会议　分组作业　分组作业　分组作业　分组作业　整合　中间评价　最终调整　确认

24 在启动会议上确定"目的""负责人"和"日程表"

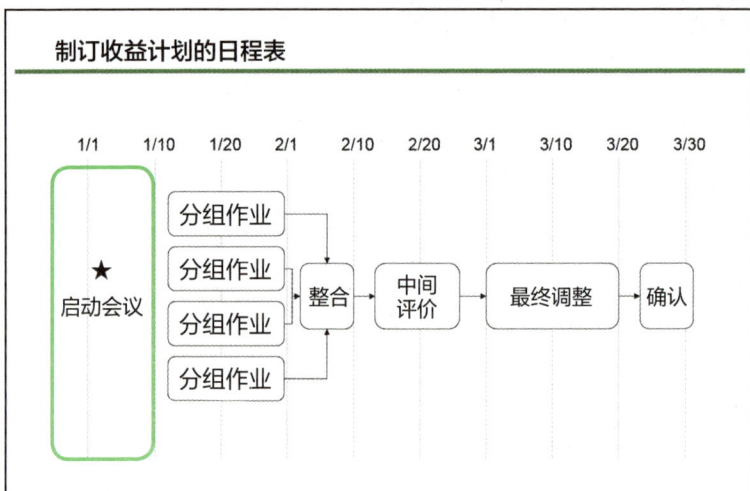

制订收益计划的日程表

在即将进入Excel实际作业之前，要举行启动会议。启动会议必须要求团队全员参加。前面已经讲过，这里所说的团队，不仅仅指制作Excel资料的人，还包括最终要看Excel资料的人（上司、领导）。请看资料的人出席启动会议，可以防止日后他说："你们没有领会我的意图。"启动会议上要确认的要点包括以下3个：

（1）项目的概要

（2）输出想象图

（3）日程表

在启动会议上，首先需要确认的是项目的概要。以图1-51的形式归纳一份项目概要，分享给全体与会人员。

图1-51 项目概要的例子

> **项目的概要**
>
> 1. 制作2017年的收益计划
> A）回应股东提出的要求
> B）不要过分保守，也不能过度乐观，需要切实可行的数字
> 2. 制订收益计划的对象国家
> A）日本和美国
> B）在其他国家的销售额非常小，所以暂不做收益计划
> 3. 其他
> A）新项目的销售额、成本不在本计划之内
> B）美国的销售额、成本，按1美元兑换120日元计算，以日元为单位制作计划

项目概要中最为重要的是项目的"目的"——"为什么要做这份Excel资料"。举例来说，假设我们要制作一份2017年度的收益计划资料。看到这个项目的名称"收益计划"，我们并不知道为什么要制作这份资料。到底是要制定一个内部努力的目标呢，还是因为外部压力（股东或银行提出的要求）而制订收益计划（必须实现的）呢?

如果不搞清楚背后的原因，那么，把目的理解为"内部努力目标"的团队可能做出非常乐观的数字；但把目的理解为"应对外部压力"的团队则可能预测出过于保守的数字。

另外，还要明确计划的范围。比如，和日本、美国的市场相比，欧洲、亚洲的销售额非常少，那么，该不该把欧洲、亚洲的数据纳入计划，也是应该商讨的。欧洲、亚洲市场的销售额虽然很少，但要把它们也纳入计划，制作资料的时候，耗时可能就得翻倍。**计划的范围将极大影响日程表的安排，所以在启动会议上要做出最终决定。**

》》 确定"谁做什么"

在启动会议上，输出想象图获得领导认可之后，就该确认哪项具体操作该由谁来负责了。

关键就是明确各组数字分别由谁或哪个小组、部门来负责。举例来说，制作2017年度日本和美国市场的收益计划资料时，很多团队虽然设计好了输出想象图，但并没有明确由谁负责准备日本的销售数据、由谁负责准备美国的销售数据。结果很容易造成混乱，可能大家重复准备了数据，也可能谁也没有准备数据，都以为别人准备了。

为防止这种情况的发生，要在输出想象图中注明该由哪个小组或部门负责准备哪些数据，并在启动会议上让所有人明确作业的分工。

请看图1-52，这是一份用来讨论的草案。在启动会议上，**通过全体成员的讨论，确认负责的小组或部门是否合适，有没有遗漏的数据项**

图1-52　以输出想象图为讨论草案，确定数据制作负责人

	制作部门	2017年度				
		1月	2月	3月	4月	5月
销售额						
日本	销售部					
销售数量	销售部					
平均单价	销售部					
美国	※待确认					
销售数量	※待确认					
平均单价	※待确认					
成本						
广告宣传费	市场部					
人工费	人事部					
租金	财务部					
其他	财务部					
利润						

收益计划

必须全部注明！

目。这样一来，就可以合理分工、明确责任，让制作数据的责任落在具体小组、具体部门、具体某个人上。

〉〉〉 团队全体成员共享日程表

然后，在启动会议上，要让每一个成员都清楚制作资料的日程表。

关键在于，**把从头到尾（最后）的日程表共享给每一位团队成员。**"之前的总日程表我没有看到，先把头一个月的日程表分享给我吧。"这种想法是绝对要不得的。一定要在启动会议上让每个人都确认项目的整体日程表（从开始到结束）。

制作Excel资料时，收集、整理数据的作业，往往比想象中更费时间，很容易无法按照日程表准时完成。

但是，即使有一项数据不充分，也无法完成Excel资料。在实际工作中，我们常会遇到因为某个数据没有找到，而不得不停止整个工作进度的情况。**把整个项目的日程表分享给全体成员，就可以制造一种紧张感，"如果某个人的工作延迟了，就会造成整个项目的延迟"，从而尽量减少项目工期延迟的情况**。

把团队全体成员召集在一起开启动会议，其意义也就在于此。如果有缺席者，到时候他肯定会说："我这部分的工作给的期限太短了，请给我延长一点时间。"遇到这种情况，就不得不再次召集全体成员开会，商议能否延长时限，或者看其他小组有没有协助的可能。这是非常浪费时间的。

为了让制作资料的作业顺畅、高效地开展，启动会议一定要把全体成员召集齐，让全员了解整个项目的日程表，并严格按照日程表开展工作。

25

在分组作业&整合过程中，要灵活运用"架构"

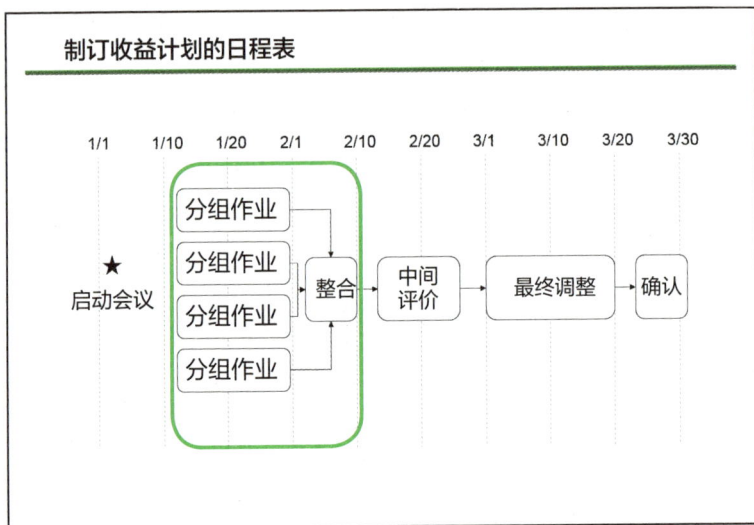

制订收益计划的日程表

| 1/1 | 1/10 | 1/20 | 2/1 | 2/10 | 2/20 | 3/1 | 3/10 | 3/20 | 3/30 |

★ 启动会议

分组作业
分组作业
分组作业
分组作业
整合
中间评价
最终调整
确认

启动会议结束后，团队就要分成小组开始进行分组作业了。每个小组负责自己分内的数据制作工作。

但是，这样就开始作业的话，由于每个小组的制作格式不同，后面整合的时候就会非常费力。所以，**需要先准备没有输入数字的输出想象图（在这里我将其称为"架构"）**，然后分发给各个小组，请他们往架构里填入数字就可以了。

图1-53就是架构的例子。**以启动会议上确定的输出想象图为底稿，填入各个负责的小组（或部门），就制作成了一份资料架构，可以分发给各个小组。待各个小组把数字填好之后再收集上来，整合时就会非常轻**

图1-53　在统一的架构中填入数据，后期整合就会轻松很多

	制作部门	负责人	2017年度				
			1月	2月	3月	4月	5月
收益计划							
销售额							
日本	销售部	佐藤					
销售数量	销售部	佐藤					
平均单价	销售部	佐藤					
美国	海外部	铃木					
销售数量	海外部	铃木					
平均单价	海外部	铃木					
成本							
广告宣传费	市场部	高桥					
人工费	人事部	田中					
租金	财务部	伊藤					
其他	财务部	山本					
利润							

松、高效。

顺便说一句，在图1-53的架构中，在负责团队的旁边，还要填入主要负责人的名字。

因为有些小组（或部门）负责的作业，可能不止一个主要负责人，所以有必要把负责人的名字也标注清楚。举例来说，财务部负责成本数据的输入，但租金项目由A君负责，其他项目由B君负责，所以分别把各个项目的负责人写清楚，非常有必要。

团队协作有一个很大的风险，就是"三个和尚没水喝"。大家虽然都知道这块作业该由我们小组负责，但具体该由谁负责哪一部分的工作呢？这一点大家不清楚的话，就容易发生"都在等别人做"的情况。结果，快到截止日期才发现谁也没做。到时，还得匆匆忙忙地临时赶工，作业质量可想而知。

为防止这种"事故"的发生，当一个小组的工作需要多名负责人

分工协作时，最好在启动会议上把具体工作细分到个人，并在架构中注明负责人的名字。

另外，负责人之间用电子邮件的形式交换架构中的数据的时候，应该在邮件中注明"不要改动架构的格式"。举例来说，假如在架构中多插入一行，后期在整合的时候，就会非常麻烦。

26

用英文和数字命名文件夹、文件，可以大大缩短搜索文件的时间

当各个小组把自己负责的数字填入架构之后，就要收集上来进行整合。收集架构文件的时候，一定要注意保存方式。如果使用电子邮件接收文件，有时容易忘记下载保存的地方，或者搞不清哪个文件才是最新版本。为了处理这些小事情，还要花费大量的时间，就太得不偿失了。

举个反例，请大家看图1-54，这个文件夹中的文件是随意保存的。打开这个文件夹，我们根本不知道哪个文件是哪个阶段的，非常混乱。

为解决这样的问题，我们应该在整理文件夹、文件上多下点功夫。

首先，从各个小组收集上来的文件，要保存在一个固定的文件夹中。收集上来的数据，是日后进行整合的基础，所以这个文件夹可以命名为"RawData（原始数据）"。

另外，以原始数据为基础整合出来的收益计划文件，应该命名为"Budget"（预算）（图1-55）。这样一来，哪些是原始数据，哪些是整合数据，就一目了然了。

您可能发现了，在这种情况下，文件夹、文件我都是用英文和数字命名的。这样做的好处是，在图1-55的显示页面，我只要敲一下键盘的"R"键，就会自动选择RawData文件夹。我敲一下键盘的"B键"，就会自动选择Budget文件。用英文和数字命名，可以大大提高搜索文件夹、文件的速度。

当然，文件名、文件，在某些情况下也不得不以日语命名。遇到这种情况的时候，可以像图1-56那样，在日语名称前面加一个数字。这样的话，只要敲一下数字键"3"，就可以自动选择"3_广告宣传费"的文件夹。

图1-54　把所有文件都保存在一个文件夹中，而且文件命名没有规律，会非常混乱

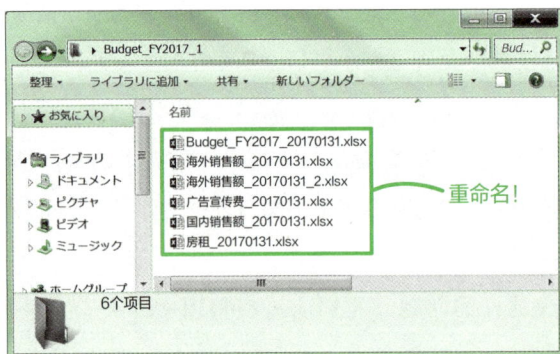

图1-55　建立RawData文件夹，整理原始数据

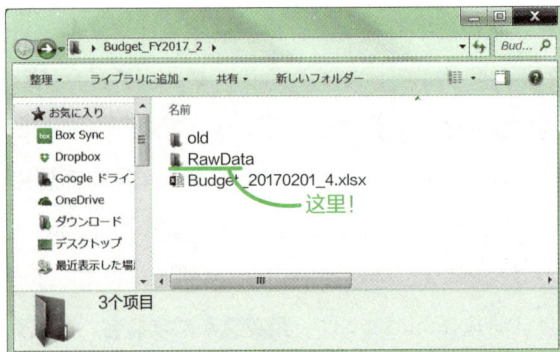

图1-56 文件夹、文件需要用日语命名时，前面加数字

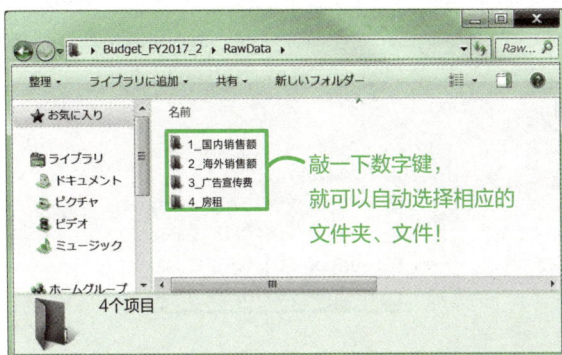

过去的文件，放入"old"文件夹

我们每天都会对文件进行加工、修改，让它逐渐接近完成形态。但是，如果直接在文件上加工、修改，覆盖以前的内容的话，那么**途中发现错误需要重新制作文件的时候，就不知道该返回到什么时间点保存的文件，也无法返回了，要重做就会浪费很多时间。**

因此，我们在完成一天的工作要保存文件的时候，应该选择"另存为"，重新起一个新的文件名。而且，文件名中应该加入当天的日期，让我们知道它是在什么时间点保存的文件。

另存文件的时候，命名的基本格式是"原文件名＋日期＋版本"。例如，2017年1月31日第4版的文件，就应该命名为"Budget_20170131_4"。同样的道理，第二天2月1日对该文件进行加工之后，就应该命名为"Budget_20170201_1""Budget_20170201_2"、"Budget_20170201_3""Budget_20170201_4"……（图1-57）。

可是，如果把这些不同版本的文件都放在一个文件夹里，那么随

図1-57　　文件名中加入日期和版本

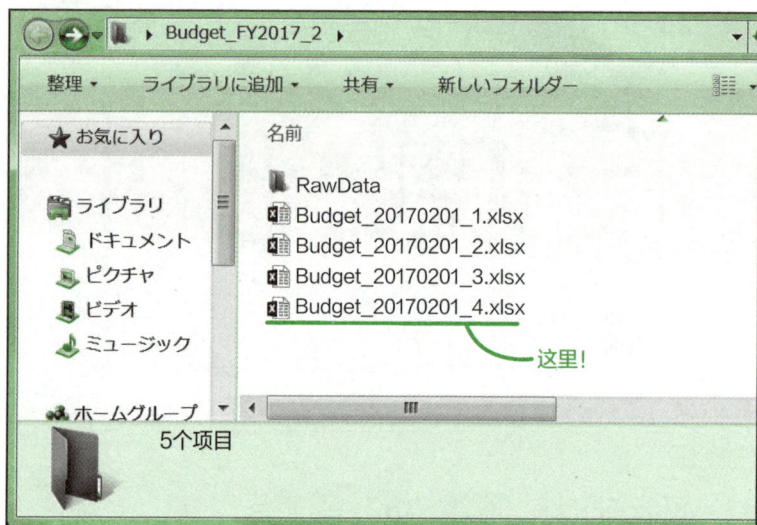

着工作的推进，文件夹中的文件就会越积越多。结果，哪些是当前在做的文件，哪些是过去的旧文件，就不容易分辨了。

于是，我建议大家像图1-58那样，**创建一个名为"old"的文件夹，把旧文件都转移到这个文件夹中保存**。这样一来，既可以随时找到最新版本的Excel文件，也可以在"old"文件夹中找到以前修改的历史文件。

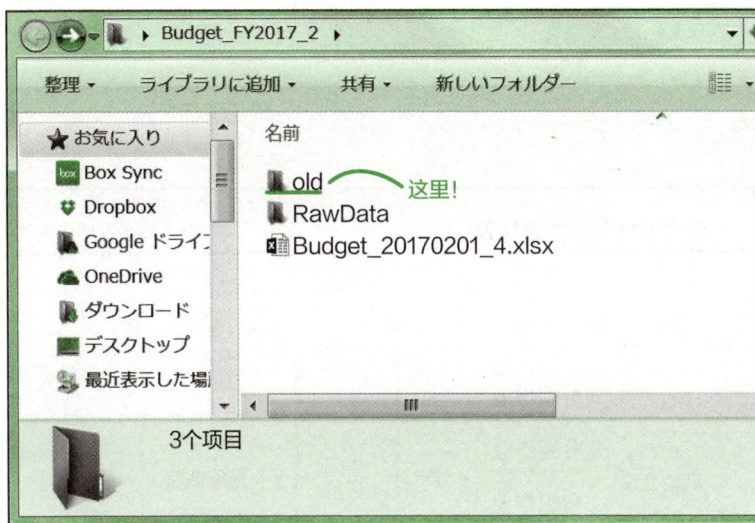

图1-58 过去的旧文件保存在old文件夹中

27

在中间评价环节，确认 "数字的合理性"

制订收益计划的日程表

| 1/1 | 1/10 | 1/20 | 2/1 | 2/10 | 2/20 | 3/1 | 3/10 | 3/20 | 3/30 |

★ 启动会议 → 分组作业 分组作业 分组作业 分组作业 → 整合 → 中间评价 → 最终调整 → 确认

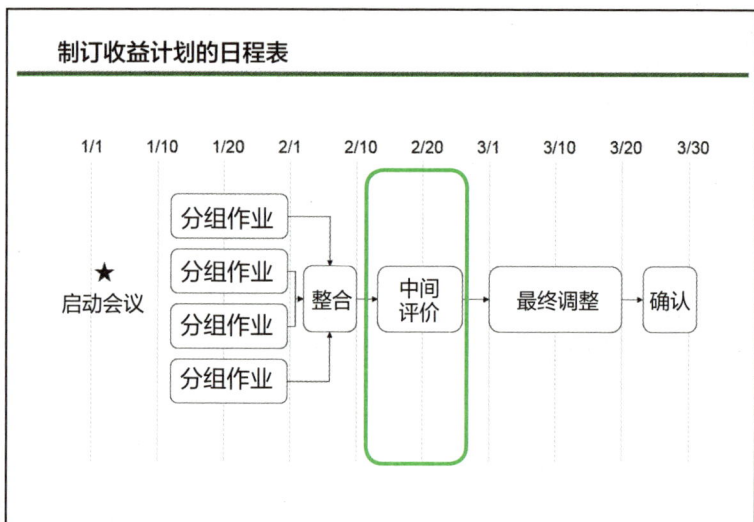

收到各个小组制作好的数据之后，就要按照输出想象图对这些数据进行整合。整合完成之后，需要召集相关人员对半成品资料进行中间评价。

中间评价，是路线导航图中最为重要的一个程序。参与中间评价的人包括领导以及要看Excel资料最终定稿的所有人员。

如果缺少了中间评价环节，当领导看到Excel资料的最终定稿时，一定会说"这个数字好像有误""我还想看到另外那组数据"等等，这个时候如果接到领导指示："中途我没看，这个地方希望你们修改一下。"制作团队就不得不按照领导的意图进行追加作业。所以，我们常能看到在截稿前一天，大家通宵修改资料的场景。

在中间评价环节，应该确认的关键是"数字的合理性"。

举例来说，假设制作的资料是收益计划，那么在中间评价环节应该确认的重点就是预测的销售额、利益值是否合理。

在设计输出想象图的时候，大家已经明确了需要哪些数据。但是，在输出想象图阶段，各个项目都是空白的，或者填入的数字只是"充门面"的摆设。准确的数字需要在后面的工作中进行精确计算。而中间评价环节，就是对计算好的数字进行全面检验。

另外，**各个小组、各个成员在将专注力集中于制作自己分内的数据的时候，难以从更高的视角把握数据的整体格局，结果，难免计算出过于乐观或悲观的预测值**。从这个角度来说，数据制作完成后进行一次确认是非常必要的。

〉〉〉 使用图表和PPT进行讨论，明确要点

在进行中间评价的时候，不要直接使用Excel资料，而是把数据呈现在PPT中，用PPT进行讨论。

Excel资料适合直接展示数字，但并不适合向人们传达"这样的数字意味着什么""是什么原因造成了这样的数字"。

投资银行在进行数千亿日元规模的企业并购项目时，会将计算出的收购价格以Excel资料的形式提交给客户。但同时，也会把这些数字制作成浅显易懂的图表，并以PPT资料的形式提交给客户。从实际制作时间来看，制作图表和PPT资料的时间，几乎和计算Excel资料中数据的时间一样长。但是，这项工作是必不可少的，为了让客户对Excel资料中的数字有一个形象的认识，图表和PPT资料是不能省略的。

举例来说，只看图1-59的Excel表格，到底哪些数字才是重点，令

人摸不着头脑。但是，如果像图1-60那样把这些数字制成图表放在PPT资料中，再加上一些文字说明来画龙点睛，就可以让讨论的要点一下子清晰凸显出来。在这个例子中，讨论的要点应该是"计划是让海外销售额超过国内销售额，但对海外销售额的预测会不会过于乐观了"和"预计成本会大幅增加，但人工费真的要增加那么多吗"。

那么，像图1-59那样的Excel表格，就不能直接用在PPT资料中吗？其实也不是。我们可以把这样的Excel表格放在PPT的"补充资料"中。在用PPT资料对客户进行讲解演示的时候，如果客户问及详细数字，我们就可以把补充资料中的Excel表格调出来给客户讲解。也就是说，在对客户进行讲解演示的时候，Excel表格只能充当补充资料的角色。

图1-59　全是详细数字的话，读者难以把握要点

	A B C	D	E	F	G	H	I	J	K
1									
2	收益计划								
3					2017年度				
4				制作部门	4月	5月	6月	7月	8月
5	销售额	千日元			161,000	187,000	205,000	230,000	278,500
6	日本	千日元	销售部		121,000	135,000	141,000	150,000	166,000
7	销售数量	千个	销售部		121	135	141	150	166
8	平均单价	日元	销售部		1,000	1,000	1,000	1,000	1,000
9	美国	千日元	海外部		40,000	52,000	64,000	80,000	112,500
10	销售数量	千个	海外部		50	65	80	100	125
11	平均单价	日元	海外部		800	800	800	800	900
12	成本	千日元			9,500	10,500	11,000	12,000	12,500
13	广告宣传费	千日元	市场部		4,000	4,500	4,500	5,000	5,000
14	人工费	千日元	人事部		2,500	3,000	3,500	4,000	4,500
15	租金	千日元	财务部		2,000	2,000	2,000	2,000	2,000
16	其他	千日元	财务部		1,000	1,000	1,000	1,000	1,000
17	利润	千日元			151,500	176,500	194,000	218,000	266,000

图1-60 把数据绘制成图表，呈现在PPT中，就容易看清要点了

2017年度收益计划

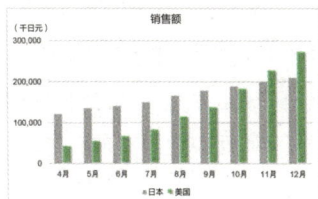

销售额

11月，预计美国的销售额超过日本。

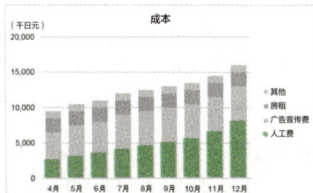

成本

因为员工增加，人工费也随之增加。

专栏　外资投资银行，制作Excel资料也具有全球化视角

极具职业化气息的外资投资银行，制作Excel资料的时候也充分利用全球化合作将工作效率提高到极致。我在外资投资银行工作的时候，我们投行在印度有一个分析团队，我们经常委托那个团队对企业自身进行分析以及进行竞争比较分析。印度的工作人员非常优秀，帮了我们不少忙。

但是，这样做也并不全是优点。把分析的工作交给外部团队来做，我们自己制作Excel资料的机会就减少了。数字这种东西，说到底还是亲手计算的人最为了解。了解详细的计算过程，在参加中间评价的时候才能更加精准地判断其合理性。反过来，把数字计算的工作委托给外部团队，我们对数字的理解就没那么深刻。我们看到的数字都是结果，对于计算的过程缺乏理解。

再有，像企业并购这样的大项目，在最后时刻，必须尽早计算出精准的收购价格，哪怕延迟1秒，也有可能导致并购失败。所以，在这种情况下，计算数据的工作只能由我们自己来做。在练就必要的技巧之前，我们必须养成亲自动手计算数据的习惯。

28

制作"秒懂"图表的技巧

从作业速度的角度来说，制作图表的速度不太容易提高。在Part 2中我将会详细讲解，制作Excel表格的时候，因为可以使用快捷键而不用鼠标，所以可以将速度提高到极致。但是，制作图表的时候，基本上没什么快捷键可以用，必须使用鼠标，所以提高制作速度的余地并不大。

对图表来说，重要的并不是制作速度，而是是否便于读者理解。理想的图表是读者"看一眼就能把握住要点"，即所谓的"秒懂"。制作图表原本的目的就是因为Excel表格中数字繁多，读者不容易把握要点，而图表具有直观、易懂的特点，可以弥补Excel表格的不足。如果一张图表不能让读者"秒懂"，那就失去了存在的意义。

制作秒懂图表的一个基本技巧就是**把重点部分涂上颜色，其他部分则使用灰色**。

请大家看图1-61。左侧是普通图表的样子，但是，一眼看去，读者并不知道哪个部分是重点。而右侧的图表，把自家公司涂成了蓝色，其他公司涂成灰色。这样一个简单操作，使自家公司和其他公司的差异变得一目了然。

图表的重点，在于突出差异。为实现这一点，在形式上也有一点技巧，那就是**坐标轴数值的设定**。请看图1-62，左侧的图表，3种商品销售额的差距不明显，但调整坐标轴数值设定之后的右侧图表，差距就明显多了。

另外，再讲一个细节，就是图例的排列形式，图表横向排列，图

图1-61　通过颜色区分重点和非重点

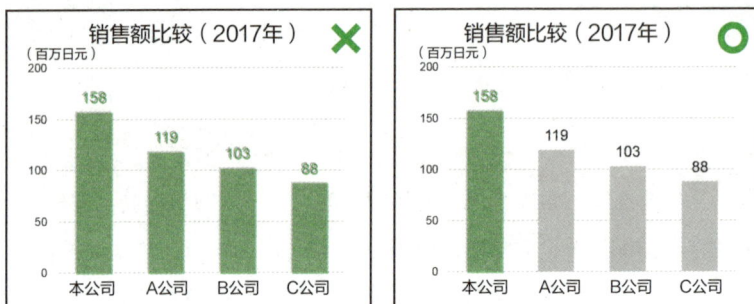

例也应该横向排列；图表纵向排列，图例也应该纵向排列。在图1-62中，柱状图表是横向排列的，所以图例也是横向排列的。图1-63中，图表是纵向排列的，图例纵向排列更有利于读者理解。

图1-62　坐标轴数值设置得当，突出差异

图1-63　图表纵向排列，图例也应该纵向排列

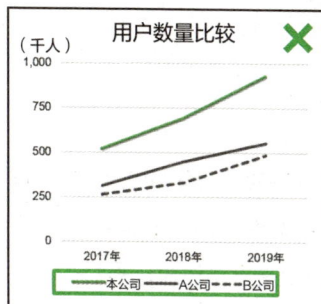

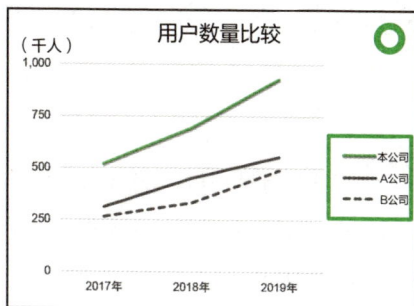

29

中间评价的窍门（1）

数字的粒度要达到"可以说明数字变化"的程度

在中间评价环节有一些要点，"抓住这些要点制作PPT，更便于读者理解"。接下来我就给大家逐一介绍这些要点。

高效制作Excel资料的一个铁则是"最初粗略，后面详细"。如果一开始就制作非常详细的数据，可能要做很多不必要的工作，还可能找不到聚焦的焦点，看不清哪些数据重要。所以，最初只需准备粗略的数据。

但是，如果数据过于粗略，数字的意义就会比较含糊，在中间评价环节，会连续不断收到各种各样的提问。如果大家需要花费20分钟、30分钟来讨论一张图表，在我看来就是浪费时间了。太粗略会模糊，太详细又要花费不必要的时间，所以，设置好数据的粒度非常重要。

那么，该如何找到合适的数据粒度呢？**要点是自己能否说明数字背后的理由**。

举例来说，看到图1-64的图表，我们知道成本增加了。但是，成本为什么增加了？背后的理由从这张图表中看不出来。于是，我们只好做了图1-65的图表，加入了成本的详细内容，读者就能看明白成本增加的理由了。

在中间评价环节，有图1-65中的数字粒度就够了。如果有人提出"人工费增加比较多，我想看看人工费的详细情况"，这时，再次调整数字粒度，把人工费的详细数据再制作出来就可以了。

图1-64 **呈现成本整体数值的图表**

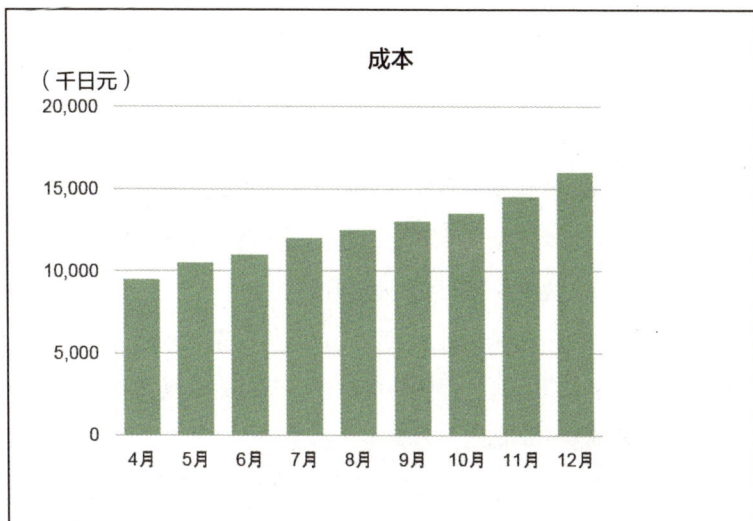

成本

（千日元）

图1-65 **添加明细，提高数字精度**

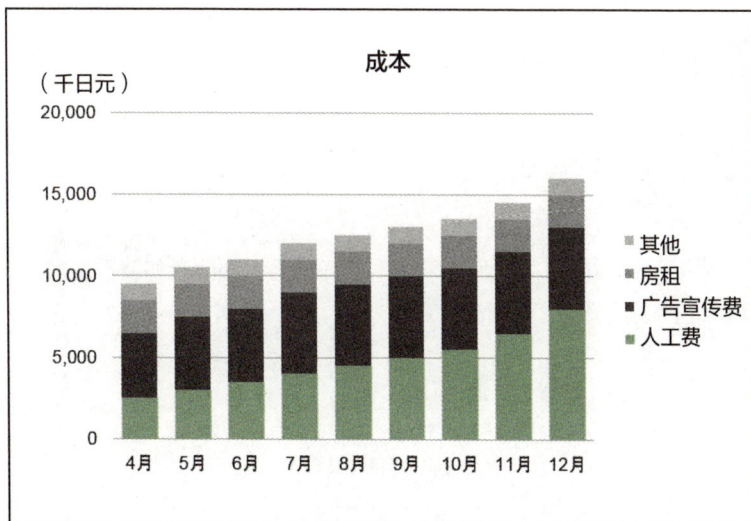

成本

（千日元）

其他
房租
广告宣传费
人工费

30 通过与过去数值的比较，审视计划数值的合理性

"你不觉得这个数字有点奇怪吗？"每一个做资料的人，都害怕听到这样的质问。为了防止资料完成后被别人这样质问，我们一定要在中间评价环节，找出并消灭一切不合理的数字。

举例来说，对于未来的计划数值，我们可以通过和过去数值进行比较的方式，审视其合理性。图1-66是以经营策划部提交的2017年度销售计划为基础制作的图表。看到这张图表，读者能够产生的印象可能只有一个，那就是"这个计划是要提高美国市场的销售额"。

如果在这份图表中加入过去实际业绩的数据，就得到了像图1-67和图1-68那样的图表。从图1-66中读者可以看出，日本市场的销售额计划，只是保持了过去的上升趋势，没有什么违和感。但是，再看

图1-66　**2017年度销售计划图表**

销售额

（千日元）

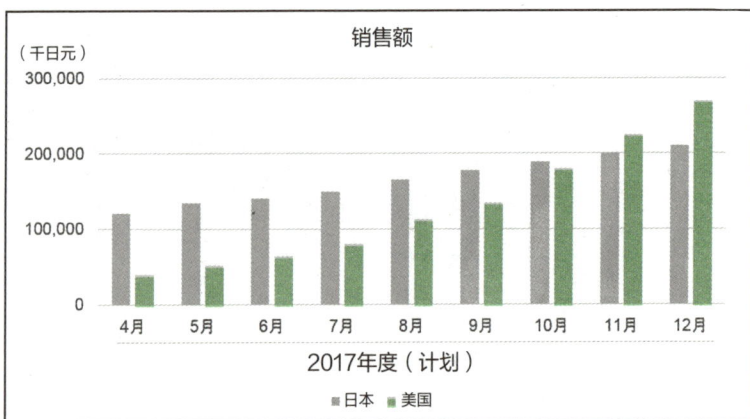

2017年度（计划）

■日本 ■美国

图1-67 **加入2016年度的实际业绩，日本市场的销售趋势（灰色）没有违和感**

销售额

（千日元）

2016年度（实际业绩）　　2017年度（计划）

■日本 ■美国

图1-68 **美国市场的销售额计划（蓝色），看起来很不自然**

销售额

（千日元）

2016年度（实际业绩）　　2017年度（计划）

■日本 ■美国

图1-68，读者可能会感觉，虽然美国市场在2016年度的销售额呈现下降趋势，可2017年度的计划却出现了大幅上升，这就有些突兀了。所以要在中间评价环节弄清楚这样做计划的原因和依据。

31 通过相关检验，确认数字的关联合理性

在检验收益计划数字的合理性时，可以使用数字的关联性。

举例来说，各种数字之间存在以下关联性：

- 销售数量增长，销售额也增长；

- 销售数量增长，材料费用也增长。

在验证收益计划数字的合理性时，先弄清"哪些数字和哪些数字有关联"非常重要。如果数字之间的关联性和实际状态发生了偏离，那么预测的结果将发生更大的偏离。

我们来看图1-69的例子，是商品销售数量与销售负责人人数之间关系的图表。从图表中我们可以看出，销售力量加强，销售数量也会随之增加。

那么，在收益计划中主张"销售人员的增加可以增加销售数量"，就具有一定的说服力。

》》》 利用散点图来确认两个要素之间的关系

前面讲的"销售负责人人数和销售数量之间的关系"，是比较简单的关联关系，但是，也有很多数字之间的关联关系并不清晰，甚至比较复杂。

举例来说，为了提高销售数量，经营策划部提出一项增加广告宣传费的计划。该计划如图1-70所示。我们可以看出，到11月为止，广告宣传费和销售数量具有明显的相关性，但12月不同，12月广告宣传

图1-69

增加销售负责人，可以增加销售数量

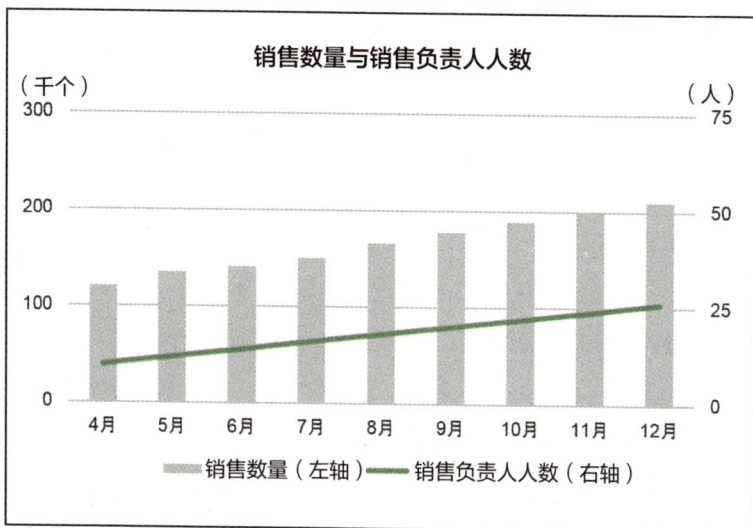

销售数量与销售负责人人数

（千个） （人）

销售数量（左轴） ——销售负责人人数（右轴）

图1-70

在2017年度的计划中，12月的广告宣传费减少了，销售数量却增加了。是不是很奇怪？

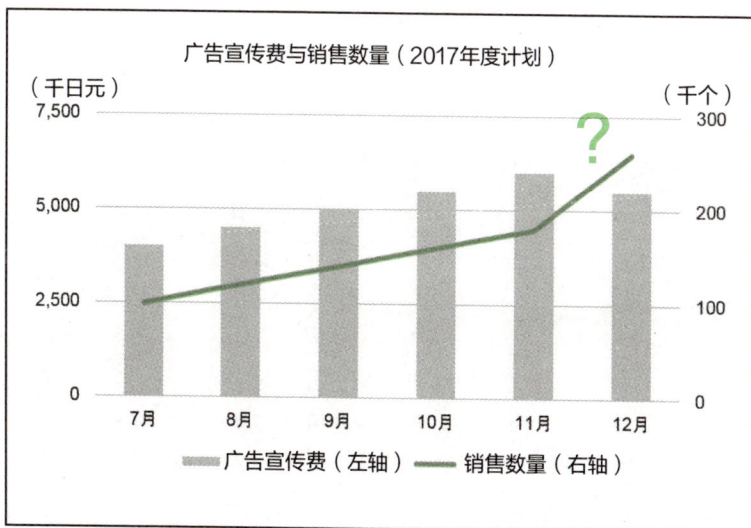

广告宣传费与销售数量（2017年度计划）

（千日元） （千个）

广告宣传费（左轴） ——销售数量（右轴）

费减少了，销售数量却增加了。那么，这份计划是不是不太合理呢？

产生这种质疑的时候，我们需要检查**"过去的"广告宣传费与销售数量之间的关系**。图1-71显示的是2016年度的实际业绩。到11月为止，广告宣传费用与销售数量呈现明显的关联性，但同样，只有12月广告宣传费减少销售数量却增加了。看到2016年的实际业绩数据，我们可以说2017年度的计划是合理的，但依据还不够充分。

接下来要确认的要点是，在2016年的实际业绩中，到11月为止的广告宣传费和销售数量是否存在明显的关联性。

要检验数字之间的关联性，散点图是一种有效的工具。 散点图是由横坐标和纵坐标构成的坐标系，在坐标系中用"点"来表示两个要素的关系。图1-72是2016年度实际业绩的散点图，纵坐标表示各月的销售数量，横坐标表示广告宣传费用。虚线是近似将各个点连接起来形

图1-71 分析2016年度的实际业绩，判断广告宣传费与销售数量之间是否存在联动性

广告宣传费与销售数量（2016年度实际业绩）

广告宣传费（左轴）　　销售数量（右轴）

图1-72
用散点图表示2016年度的实际业绩，可以看出广告宣传费与销售数量的关联性很低

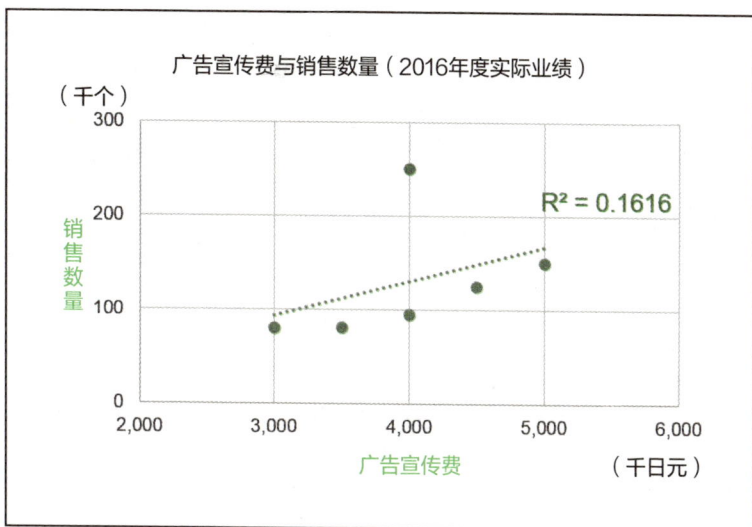

广告宣传费与销售数量（2016年度实际业绩）

（千个）

销售数量

R² = 0.1616

广告宣传费 （千日元）

成的线。

图表中有一个数值"R²=0.1616"，这是表示广告宣传费与销售数量之间关系的数值。一般来说，这个数值越高，说明两个要素之间的关联性越强，比如0.7，即70%。而在这个图中"R²=0.1616"，说明广告宣传费和销售数量之间基本上没有什么关联性。

在散点图中，点的排列越接近一条直线，表明两个要素的关联性越强。请看图1-73，只有上边的点突出很多，我们可以推测，这个点就是造成广告宣传费与销售数量相关性很低的原因（异常值）。

图1-73   上边的点突出很多，背后的原因是？

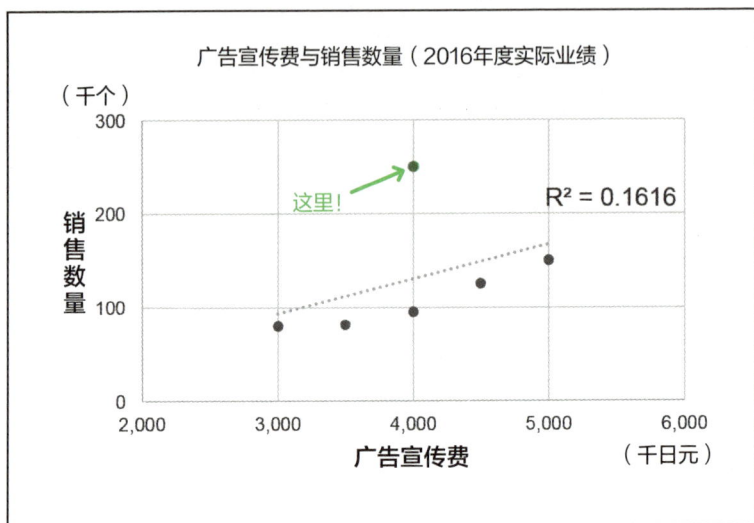

广告宣传费与销售数量（2016年度实际业绩）

（千个）

销售数量

R² = 0.1616

这里！

广告宣传费

（千日元）

》》》 排除异常值，可以看到很强的关联性

在审视要素之间的相关性时，某些情况下一旦排除异常值，两个要素就能表现出很强的相关性。

在前面的散点图中，上边的点是异常值，它表示2016年12月的实际业绩数值。仔细追查下来我们发现，12月正是年末大采购的时候，也是商家开展商战的时候，即使不用投入更多广告宣传费，也能获得较高的销售量（图1-74）。

将异常值——12月的数值排除之后，就得到了图1-75。在这个图表中，"R²=0.9104"，和之前的0.1616相比，上升了很多。

结果我们可以发现，从7月到11月，广告宣传费和销售数量具有很强的相关性。图内的点几乎呈一条直线排列，直观上也能看出广告宣

图1-74 因为12月是年末商战，广告宣传费和销售数量呈现出非相关
关系

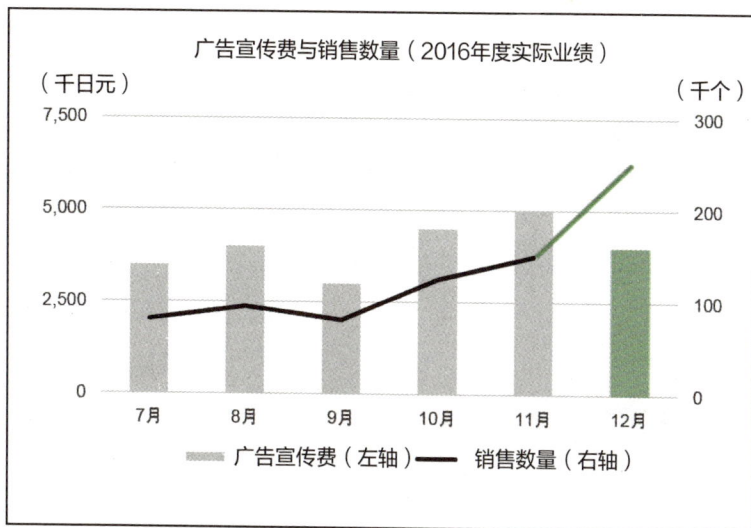

广告宣传费与销售数量（2016年度实际业绩）

（千日元）　　　　　　　　　　　　　　　　（千个）

图1-75　排除12月的异常值之后，数据呈现出很强的相关性

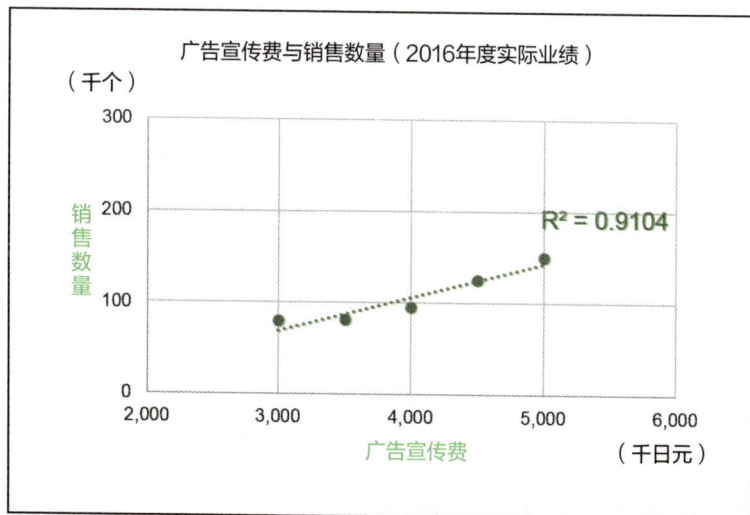

广告宣传费与销售数量（2016年度实际业绩）

（千个）

R² = 0.9104

销售数量

广告宣传费　　　　　　　　（千日元）

133

传费和销售数量之间的相关性很强。

从目前的操作，我们可以得出以下两个结论：

（1）广告宣传费增加，销售数量也增加；

（2）另外，即使12月的广告宣传费有所缩减，因为年末商战的关系，销售数量也会上升。

根据这两个结论再进行检验，我们可以判断图1-70的2017年度计划具有合理性。

在进行中间评价的时候，提供图1-70的同时，再附上2016年的实际业绩图表（图1-71）作为参考资料，以及散点图（存在异常值的散点图和排除异常值的散点图，图1-72和图1-75），就可以快速讨论计划数字的合理性了。

另外，排除异常值也是寻找数据相关性的重点。异常值有可能是外部突发因素造成的，比如，2008年的次贷危机、2011年的东日本大地震、2014年日本提高消费税等。在排除这些因素造成的异常值后，之前不相关的数据可能会一下子呈现出很强的相关性。

》》》 投资银行也经常使用散点图

前面介绍的散点图，投资银行也经常用到。典型例子就是分析股票价格。举例来说，在调查"在×××行业，哪些经营指标会对股票价格造成影响"的时候，散点图是必须使用的。

纵轴：股票价格［准确地说，应该是包括PER（市盈率）等在内的复合股票价值※］

横轴：各种经营指标（销售额增长率、利润率等）

※ 所谓复合股票价值，是计算企业价值时的指标。PER（市盈率）是其中之一。

通过建立上述坐标系，调查哪些指标与股价存在关联性。

举个例子，比如通过散点图分析，我们判断"×××行业，在海外销售额高的企业，股价有走高的趋势"。依据这样的判断，我们可以游说投资者："这家公司在海外事业投入较大力量，收益也比较高。"从而让投资者对这家公司产生好感。散点图的制作方法如下所示：

Step 1
选择广告宣传费和销售数量的数字

A B C	D	E	F	G	H	I	J	K
1								
2	广告宣传费和销售数量（2016年度实际业绩）							
3					2016年度			
4			7月	8月	9月	10月	11月	12月
5	广告宣传费（左轴）千日元		3,500	4,000	3,000	4,500	5,000	4,000
6	销售数量（右轴）千个		81	95	80	125	150	250

"插入"→"图表"→"散点图"

135

显示出散点图。想看趋势线（近似曲线）的话，用鼠标右键点击图中的点，
选择"添加趋势线"

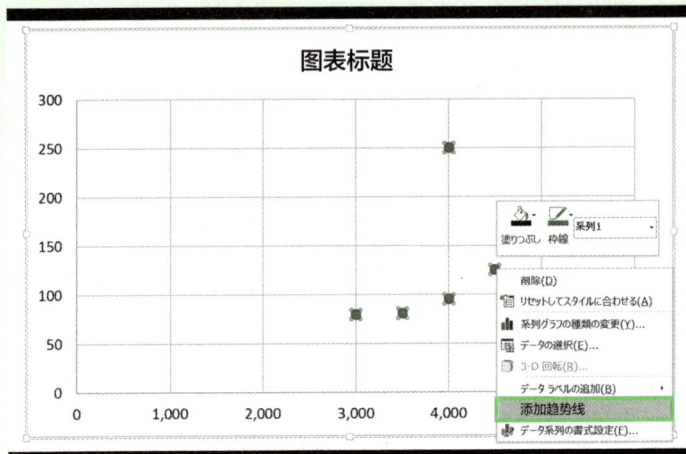

用鼠标右键点击趋势线，在弹出的对话框中选择"设置趋势线格式"，再在
弹出的对话框中勾选"显示R平方值"，图表中就会显示出R^2的值

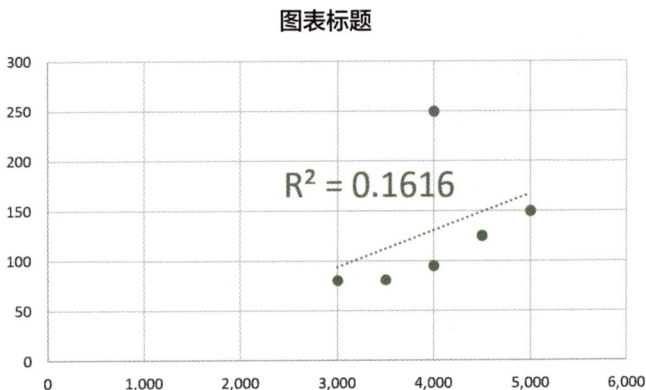

136

32 通过"模拟分析"提高讨论速度

在中间评价环节讨论收益计划的时候，常会遇到这样的提问："如果把这个数字改变一下，利润会有什么样的变化呢？"

举个例子，当管理层看到图1-76那样的计划表时，提出："利润目标似乎有点低。如果把预计销售数量从250千个提高到300千个，利润会达到多少呢？"

遇到这样的问题，如果事先没有准备的话，肯定难以马上给出答案。要想现场计算"销售数量增加50千个，销售额会增加多少，同时成本要增加多少，最后利润又会有什么变化"，那肯定要花很多时间。

在中间评价会议上，被问及这样的问题时，如果我们说："我马上计算，请稍等。"那么会议时间就要被延长。大家都很忙，这样现场计算无疑是浪费所有与会人员的时间。

为防止这种情况的发生，**销售额、成本、利润等主要经营数据，要事先进行模拟分析**。

所谓模拟分析，就是模拟计算改变一个数字时，其他数字会变成什么样子。例如，销售数量和价格改变的话，模拟计算可能得到的利润，如图1-77所示。

仅凭这一张表，我们就可以马上获得很多信息：

（1）现在的销售数量是250千个，价格为1,000日元，利润为50,000千日元；

（2）如果销售数量增加到300千个的话，在价格不变的情况下，

图1-76 通过下表只能了解销售数量为250千个、价格为1,000日元时的利润

	A	BC	D	E	F	G
1						
2		**计划**				
3					2017年度	
4		销售额		千日元	250,000	
5		价格		日元	1,000	
6		销售数量		千个	250	
7		材料费		千日元	75,000	
8		单个商品的平均材料费		日元	300	
9		固定成本		千日元	125,000	
10		利润		千日元	50,000	

图1-77　用各种销售数量、价格，模拟计算利润

	H	I	J	K	L	M	N	O
11								
12		**利润模拟**						
13		**千日元**			销售数量（千个）			
14			50,000	150	200	250	300	350
15		价格	800	(50,000)	(25,000)	0	25,000	50,000
16		（日元）	900	(35,000)	(5,000)	25,000	55,000	85,000
17			1,000	(20,000)	15,000	50,000	85,000	120,000
18			1,100	(5,000)	35,000	75,000	115,000	155,000
19			1,200	10,000	55,000	100,000	145,000	190,000

利润将增加到85,000千日元；

（3）如果价格上涨到1,100日元，在销售数量保持250千个不变的情况下，利润将增加到75,000千日元，没有（2）增加的利润多。也就

是说，与单价上涨100日元相比，更应该努力让销售数量增加50千个，这样增加的利润更多。

（4）如果销售数量下降到200千个以下，并因为市场环境的恶化，单价下跌到900日元以下的时候，就会出现赤字。200千个和900日元是一条生命线，一定要引起重视。

……

像这样事先进行模拟分析的话，在中间评价会议上，就会大大节省讨论的时间。

》》》 企业并购项目中使用的模拟分析

下面介绍模拟分析资料的制作步骤。

Step 1

通过改变销售数量和价格，模拟计算利润的时候，要制作下图右侧那样的表格。在右侧表格的最左上方那个单元格（J4），填入对比值（F10中的数值）。

Step 2

然后，选择模拟分析的范围，点击"数据"→"模拟分析"→"模拟运算表"

	计划			利润模拟				
2								
3			2017年度	千日元		销售数量（千个）		
4	销售额	千日元	250,000		50,000	150	200	
5	价格	日元	1,000	价格	800			
6	销售数量	千个	250	（日元）	900			
7	材料费	千日元	75,000		1,000			
8	单个商品的平均材料费	日元	300		1,100			
9	固定成本	千日元	125,000					
10	利润	千日元	50,000					

Step 3

在"输入引用行的单元格"，选择模拟分析的"横轴"——销售数量的单元格
在"输入引用列的单元格"，选择模拟分析的"纵轴"——价格的单元格

这样就可以进行模拟分析的计算了。另外，如果删除J4单元格中的数字"50,000"，计算就会出现混乱。如果不想看到"50,000"这个数字的话，可以把它设置成白色的。

A B C	D	E	F	G H I	J	K	L	M
1								
2	计划				利润模拟			
3			2017年度		千日元		销售数量（千个）		
4	销售额	千日元	250,000			50,000	150	200	250
5	价格	日元	1,000		价格	800	(50,000)	(25,000)	0
6	销售数量	千个	250		（日元）	900	(35,000)	(5,000)	25,000
7	材料费	千日元	75,000			1,000	(20,000)	15,000	50,000
8	单个商品的平均材料费	日元	300			1,100	(5,000)	35,000	75,000
9	固定成本	千日元	125,000						
10	利润	千日元	50,000						

　　投资银行在开展企业并购项目的时候，需要计算收购价格，最终的输出结果就是这个模拟分析。**讨论数字的时候，一般只会给出一个范围。**比如，在计算企业收购价格的时候，投资银行的工作人员不会对客户说："1,000 亿日元。"而是说："如果算上 XXX 和 YYY 的数字，那么收购价格应该在 800 亿 ~1,300 亿日元之间。"也就是通过模拟分析，让客户把握一个价格范围。之后再通过精细计算，确定具体收购金额。

33

只讨论重要数字

在中间评价环节，为了提高讨论的速度，我们应该具有"舍得"的意识，即不重要的数字不必理会，要舍得放弃。在中间评价会议上，最令人头疼的就是揪住无足轻重的数字不放，讨论个没完没了。**讨论那些不太重要的数字，无助于得到正确的答案。**

在中间评价会议上，如果有人提出要讨论某些不重要的数字，我们回击的最好工具就是瀑布图。瀑布图，顾名思义，就是把分解的各种要素以瀑布的形式展现出来。

图1-78就是瀑布图的例子。看到这张图表，读者一眼就能判断出，成本的大部分由材料费和人工费构成，房租只占很少的比例。在会议上如果有人提出要讨论一下房租的问题，我们可以拿出这张瀑布

图1-78　**用瀑布图显示数据的重要程度**

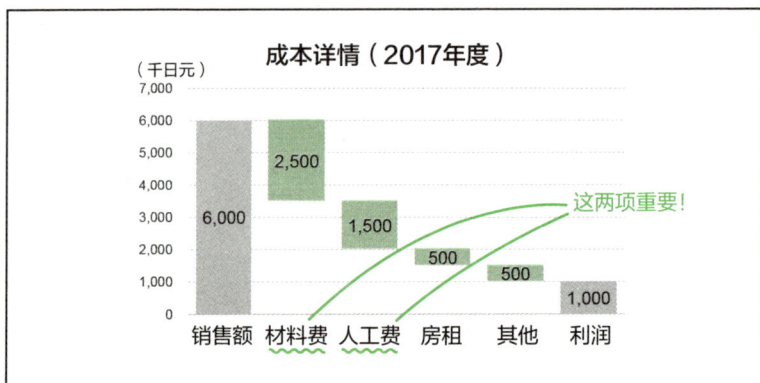

成本详情（2017年度）

（千日元）

这两项重要！

销售额　材料费　人工费　房租　其他　利润

图，引导式地说："租金占成本的比例很低，我们先讨论一下材料费和人工费吧。"

要想讨论具体数字，那么要多少有多少，根本讨论不完。正因如此，在中间评价会议上，我们要拿出瀑布图，给讨论的数字排一个先后顺序，那些不重要的数字，根本无须讨论。

〉〉〉 瀑布图的制作方法

瀑布图，是用透明、灰色、蓝色3种颜色制作的"堆积柱形图"。

（1）余白　　　　透明
（2）最左侧（销售额）和最右侧（利润）　　　　灰色
（3）各个项目　　蓝色

成本详情（2017年度）

	余白 透明	销售额和利润 灰色	各个项目 蓝色
销售额		6,000	
材料费	3,500		2,500
人工费	2,000		1,500
房租	1,500		500
其他	1,000		500
利润		1,000	

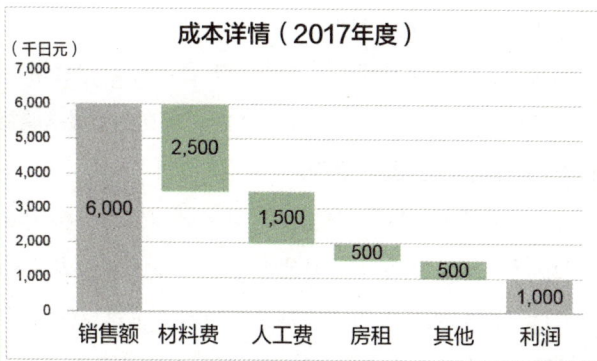

成本详情（2017年度）

（千日元）

销售额 6,000　材料费 2,500　人工费 1,500　房租 500　其他 500　利润 1,000

34

最终调整由一人完成，
以避免节外生枝

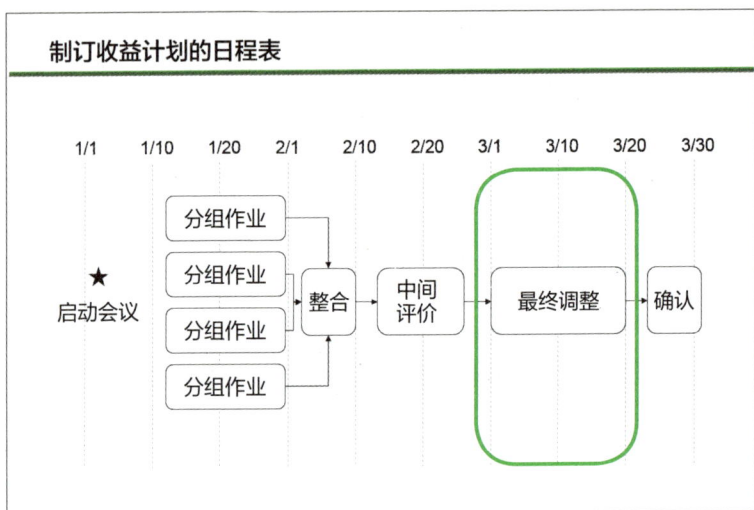

制订收益计划的日程表

| 1/1 | 1/10 | 1/20 | 2/1 | 2/10 | 2/20 | 3/1 | 3/10 | 3/20 | 3/30 |

★
启动会议

分组作业
分组作业
分组作业
分组作业

整合

中间评价

最终调整

确认

中间评价结束之后，就进入制作路线导航图的最后一步——对中间评价中发现的问题进行最终调整，完成Excel资料的制作。

在此之前，各个小组或部门已经制作好自己分内的数据，并由一位工作人员将所有数据整合在了一份表格中。现在**到了最终调整这个阶段，应该由一名负责人独自进行调整**。

如果由多名成员进行最终调整的话，那么没准哪个人会用错文件版本，用成旧版本，就会引起不必要的差错。另外，多名成员同时进行调整作业的话，那么谁制作的文件是最终版本，也难以区分。所以，最终调整只能由一名负责人进行，这才是最有效率的做法。

》》 最后阶段，必须严守时限，所以只能一个人做！

话虽如此，但有的时候，其他成员也会对计划或数值提出调整意见。遇到这种情况的时候，负责最终调整的人可以听取别人的意见，但**不能让别人直接接触Excel文件**，以免导致不必要的混乱。

如果有成员发现需要调整的地方，可以向负责最终调整作业的人提出申请。负责调整作业的人调整好之后，再让提出意见的成员进行检查（图1-79、1-80）。也就是说，要时刻把"操作者"和"检查者"区分开来。

操作者把调整后的资料交给检查者进行检查的时候，一定要向其问清楚："你要检查到什么时间？"必须把检查的截止时间规定清楚。因为在大多数案例中，资料制作到这个阶段，距离最终的交稿日

| 图1-79 | 在最终调整阶段，如果有其他成员提出修正意见 |

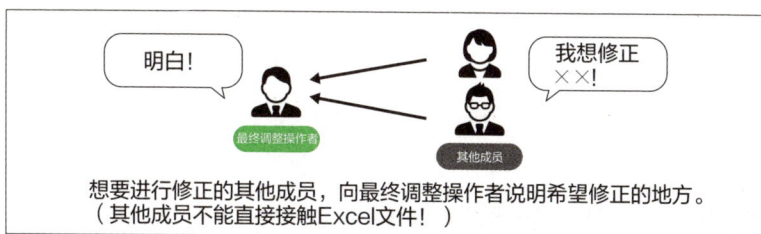

想要进行修正的其他成员，向最终调整操作者说明希望修正的地方。（其他成员不能直接接触Excel文件！）

| 图1-80 |

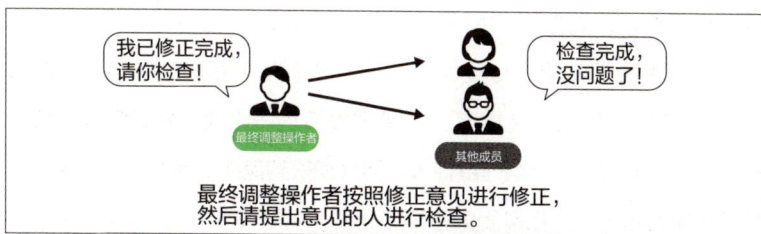

最终调整操作者按照修正意见进行修正，然后请提出意见的人进行检查。

已经不远了。所以，必须明确规定好检查完成的日期，以免错过最终交稿时间。

在临近交稿日修改数字，容易出现计算错误，或者数字前后不一致的情况。

在提交给经营管理层或股东的Excel资料中存在计算错误，那可是巨大的问题。即使只是提交给部门领导的资料，计算错误也是不能容忍的。所以，在资料的最终调整阶段，一定只能由一个人负责操作。如果其他成员有修正意见的话，也要注意交稿日期。经过那么多道工序，花费很大精力、很长时间制作的Excel资料，一定不能在最后关头出差错。

》》》 终究还是一个人操作的速度更快，所以，个人的 Excel操作能力尤为重要

刚才讲过，制作路线导航图的最终调整阶段，一个人操作的效率更高。其实，像制订收益计划这样的Excel资料，很多时候都是一个人从头做到尾的速度更快一些。一个团队中很多人都会使用Excel软件，但都不太精通，与一个团队中只有一个人超级精通Excel软件相比，后者制作Excel资料的效率和质量往往更高。所以，我一再强调，我们作为个人，必须把Excel软件的操作掌握到超级精通的程度。

根据我在外资投资银行工作的经验，我发现外资投资银行与日本投资银行相比，制作Excel资料的负责人人数明显要少很多。

那可能有朋友会产生疑问了，人少是不是工作速度就慢呢？其实外资投资银行的工作速度不慢。**外资投资银行会让一名顶尖人才负责Excel资料的制作，他们速度惊人，而且加班到深夜。因此，一个人完成的工作量也相当大，而且质量还很高。**而外资投资银行，也会给这样的

顶尖人才相当高的报酬。

　　本书的后半部分，主要教您极速提升Excel操作速度的具体技巧。而其中并没有什么复杂、高难度的技巧，只要经过反复练习，任何人都能掌握。希望大家能够掌握这些技巧，把自己打造成公司里顶尖的Excel操作人才。

35

打印Excel资料，"俯瞰"整体数据

制订收益计划的日程表

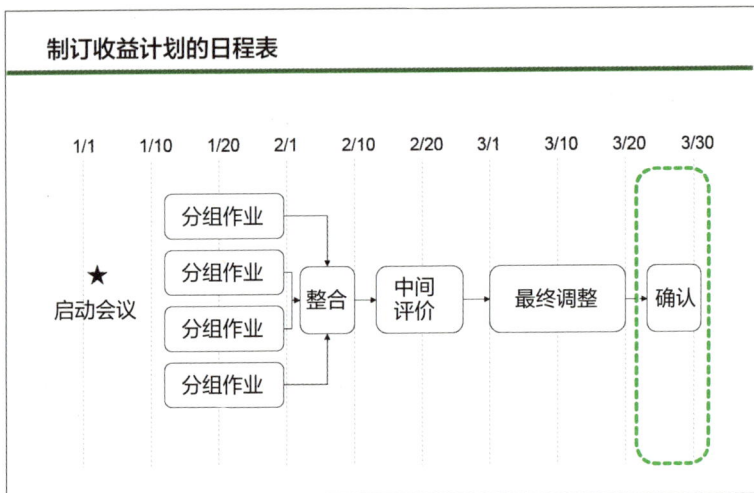

最终调整完成了，需要进行确认，以做出最终决定。这时的关键在于，能不能做到不看Excel资料而对数字进行讨论。开会对资料进行确认的时候，与会者会对资料中的数字提出各种各样的疑问。这时，如果还要翻看资料，一一查找数字，就无法做到速问速答，从而延长讨论的时间。

说到底，Excel资料只不过是"对数字进行讨论的一种工具"。通过制作资料，我们把数字精确计算出来之后，还不到满足的时候，我们应该把这些数字深深烙印在脑海中。

我推荐的方法是在开会进行确认之前，把Excel资料打印出来，反复阅读这些数字。看着纸上打印出来的各种数字，自问自答——"销

售额比去年提高的理由是什么？""销售额提高了，可销售成本却降低了，背后的原因是什么？"如果自己无法回答这些问题，就要回过头来检查当初的计算过程。通过这样的方法锻炼自己对数字的反射神经。

专栏　投资银行内部的最高赞誉："脑中有Excel"

　　我在投资银行工作的时候，身边有些人被评价为"那个人头脑中有Excel"。

　　这些人看到打印出来的分析材料，就能看透数字背后的计算过程，任何一个计算错误都不会逃过他们的眼睛。有些数字上的错误，不看Excel资料的计算过程，很难发现其中的问题，可是这些人一眼就能看出来。

　　看到这些人，我感觉他们好像已经和眼前的数字打了很长时间的交道。各个数字之间存在什么样的联系？销售额提高了可销售成本却降低了，背后的原因是什么？A公司的营业利润率比B公司高的理由是什么？等等。看到数字，他们就会问自己诸如此类的问题，然后自己找到答案。也就是说，他们已经养成了看到数字就"自问自答，找出数字背后原因"的习惯。

　　而且，经过长年累月这样的训练，他们看到不同寻常的数字就会从直觉上产生疑问。比如："咦？人工费的预计额，怎么比我上月看到的金额大呢？为什么呢？是不是计算出了问题？"

　　可见，钻研数字的时间越久，对数字的感觉越敏锐。曾经，我在对自己不太熟悉的领域进行分析的过程中，经常出现计算错误。后来，经过反复的钻研与计算，随着时间的流逝，我计算出错的概率也大大降低了。

　　我在外资投资银行工作的时期，前辈经常教导我说："认为别人计算出错的时候，先审视一下自己读取数字的方式是否正确。"意思就是，面对数字的时候，要仔细研究它，要反复自问自答，直到自己能理解数字背后的原因。

Part 2

技巧篇

01 为什么顶尖人才追求Excel的操作速度？

在Part 1中，我向大家说明了"输出想象图的共享、设计图的制作"等在开始实际作业之前应实施的程序。这些程序不可小视，因为它们将极大地影响后面实际作业的速度。Part 2是技巧篇。在这一部分，我将围绕"快捷键的使用"这一中心，教您在实际作业中最大限度提高速度的Excel操作技巧。

为什么要提高Excel的操作速度呢？

原因很简单，提高操作速度、缩短作业时间，就能提升工作的生产性。这是第一个原因。还有第二个原因，但这个原因很容易被大家忽视，那就是**提高Excel操作速度，可以减少计算错误**。

如果不熟悉Excel软件的操作，就容易出现单纯的计算错误。另外，也会因为没有余力，只能把专注力集中在数字的制作上，无暇顾及数字的错误，有时甚至连明显的错误也看不出来。再有，因为操作速度慢，制作资料耗时长，最后根本没有多余的时间进行检查，这样怎能降低错误率呢？这就是Excel操作速度慢的弊害。

反过来，如果能把Excel的操作速度提高到一定的水平，就能减少这些弊害的发生。

精通Excel软件，提高操作速度之后，单纯的计算错误就会减少很多。另外，制作资料时游刃有余，就可以腾出时间对数字进行检查，发现错误并改正的机会也就多了起来。

很多朋友认为，Excel的计算错误=注意力不集中，但实际上并非如此。制作Excel资料的时候，只要不使用复杂的宏或函数，而又有充足的时间进行检查的话，修改计算错误并不是难事。也就是说，**能否减少Excel资料中的计算错误，主要取决于是否有充足的时间进行检查，而充足的时间源于快速操作。**

"禁用鼠标"和"格式标准化"将极大提升Excel操作速度

　　为了提高Excel操作速度，您应该牢记的第一个规则就是"禁用鼠标"。这是为什么呢？

　　使用鼠标的时候，右手就会离开键盘——控制鼠标，把光标在单元格和工具栏之间移动，操作鼠标滚轮和按键，然后再把手移回键盘上……反复进行这一系列操作，无疑要浪费很多时间，从而拖慢Excel操作速度。

　　除了一小部分特殊情况，大多数Excel操作都可以只用键盘完成。**只使用键盘的话，手的位置基本上不动，动动手指即可，绝对比同时使用鼠标更省时间。**

　　制作Excel资料，能减少一个操作就减少一个操作，这也是快捷键存在的目的。

　　在Word、PPT、Excel中，我认为最能体现个人操作速度差异的就是Excel。制作Word资料，大多数时间是打字，而打字的速度大家差异都不大。制作PPT资料，需要大量使用鼠标，个人之间的速度差异也不大。**而Excel就不一样了，虽然绝大多数操作都可以通过快捷键完成，但很多人不熟悉快捷键，主要还是通过鼠标操作。在这种情况下，精通Excel快捷键的人，就能体现出明显的速度优势。**

》》》 格式标准化，将迷惑时间降为0

　　为提高Excel操作速度，和禁用鼠标同等重要的是Excel表格的外观，即格式的标准化、规则化。

我们制作Excel资料，要让读者一眼就看出"计算的是什么"。缺乏整理、看起来混乱的表格，不但读者难懂，就连制作资料的人也要花很多时间去整理思路才能看明白。而且，混乱的表格也更容易出现计算错误。日后要找到这些计算错误，还要从头梳理思路，从而浪费大量宝贵的时间。所以，整理得井然有序的表格，直接关系到工作效率的提高。不过，要想制作出井然有序的表格，仅仅多花时间和努力是不够的。

有的人在整理表格的时候，行的高和宽等格式都要一一考虑，这也会浪费时间。因此，**Excel表格的格式需要标准化、规则化，这样才能在制作的过程中减少迷惑时间**。这也是高速制作Excel资料的一个诀窍。

在接下来的部分，我将教您制作图2-1中下方那种易读易懂的表格的快捷键技巧。本书介绍的快捷键，都是工作中最低限度所需的快捷键，没有复杂的操作，希望您一定要掌握。

图2-1 **不易懂的表格（上）和易懂的表格（下）。Excel表格的格式非常重要！**

	A	BC	D	E	F	G	H
1							
2		收益计划					
3					第1年	第2年	第3年
4		销售额		日元	1000000	1100000	1155000
5			销售数量	个	1000	1100	1155
6			增长率	%		10%	5%
7			价格	日元	1000	1000	1000
8		成本		日元	400000	430000	446500
9			材料费	日元	300000	330000	346500
10			单个商品的平均材料费	日元	300	300	300
11			租金	日元	100000	100000	100000
12		利润		日元	600000	670000	708500

	A	BC	D	E	F	G	H
1							
2		收益计划					
3					第1年	第2年	第3年
4		销售额		日元	1,000,000	1,100,000	1,155,000
5			销售数量	个	1,000	1,100	1,155
6			增长率	%		10.0%	5.0%
7			价格	日元	1,000	1,000	1,000
8		成本		日元	400,000	430,000	446,500
9			材料费	日元	300,000	330,000	346,500
10			单个商品的平均材料费	日元	300	300	300
11			租金	日元	100,000	100,000	100,000
12		利润		日元	600,000	670,000	708,500

格式标准化后，表格更容易理解，沟通更加顺畅，
还可以最大限度减少计算错误的发生！

专栏　投资银行"禁止使用鼠标"，是快捷键的"地狱"

投资银行需要制作大量的Excel文件，但他们制作Excel文件时有一个铁一般的原则，就是"不许使用鼠标"。我的一个朋友，刚进入投资银行工作的时候，前辈就告诉他："把办公桌上的鼠标反过来放置。"意思就是"使用鼠标制作Excel文件的速度很慢，不许使用鼠标"。

我入职投资银行之初，最先收到的是一张Excel快捷键清单表，上司叮嘱我一定要尽快背下来。清单表中有数十种

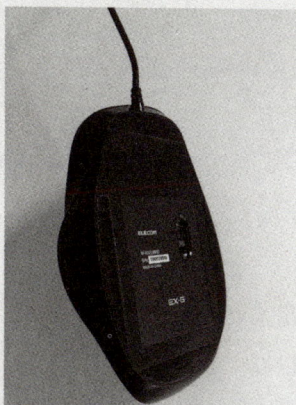
把办公桌上的鼠标反过来放置

快捷键组合方法，第一次看见这张清单，绝望的心情立刻从心底涌起。我心想："真的要全部背下来吗？这怎么可能？"可是，随着数十次、数百次的实际操作，我自然而然就记住了这些快捷键的用法，在制作Excel文件的时候，手指会自动在键盘上寻找相应的快捷键。我想这就是熟能生巧吧，快捷键的使用方法已经成为我的身体记忆。

投资银行制作Excel资料的量非常大，但新进职员一般都不太精通Excel软件的使用。他们大多都只会基本的电脑操作。但只需一年时间，这些新职员操作Excel软件的速度就和老职员没有什么差别了。

所以，根据我的经验，只要经过反复练习，熟能生巧，任何人都能精通Excel软件的使用，把工作速度提高到一个惊人的水平。

03

调整工作表的整体格式

Step 1　更改字体

Step 2　修改行高（纵向高度）

Step 3　给数字添加千位分隔符

通常来说，一个工作表中会制作多个表格。对一个工作表来说，格式要统一，那么逐一调整其中各个表格的格式，势必费时费力，所以进行整体调整是最高效的方法。这一小节我就教您调整工作表整体格式的快捷方法。

调整工作表整体格式的操作主要有以下3个：

（1）更改字体

（2）修改行高（纵向高度）

（3）给数字添加千位分隔符

这3个操作都可以不用鼠标，只用快捷键就实现快速操作。在下一页中，中间的图是修改前的效果，下边的图是修改后的效果。

在调整工作表整体格式的时候，首先要全选整个工作表。所以，先请大家牢记全选工作表的操作方法。

全选工作表，先点击表格之外的单元格，然后使用快捷键"Ctrl"＋"A"。"A"是"All（全部）"的首字母。

前面说"点击表格之外的单元格"，理由是什么呢？如果点击表格之内的单元格，那么使用快捷键"Ctrl"＋"A"之后，全选的不是整个工作表，而是那个表格。这个时候，如果再按一次"Ctrl"＋"A"，

全选整个工作表

Ctrl + **A**

就可以选择整个表格了。

Before   Excel文件的初期格式（默认格式）

	A	BC	D	E	F	G	H
1							
2		收益计划					
3					第1年	第2年	第3年
4		销售额		日元	1000000	1100000	1155000
5		销售数量		个	1000	1100	1155
6		增长率		%		10%	5%
7		价格		日元	1000	1000	1000
8		成本		日元	400000	430000	446500
9		材料费		日元	300000	330000	346500
10		单个商品的平均材料费		日元	300	300	300
11		租金		日元	100000	100000	100000
12		利润		日元	600000	670000	708500
13							

After   调整工作表整体格式之后

	A	BC	D	E	F	G	H
1							
2		收益计划					
3					第1年	第2年	第3年
4		销售额		日元	1,000,000	1,100,000	1,155,000
5		销售数量		个	1,000	1,100	1,155
6		增长率		%		10.0%	5.0%
7		价格		日元	1,000	1,000	1,000
8		成本		日元	400,000	430,000	446,500
9		材料费		日元	300,000	330,000	346,500
10		单个商品的平均材料费		日元	300	300	300
11		租金		日元	100,000	100,000	100,000
12		利润		日元	600,000	670,000	708,500

Step 1   更改字体

在Excel软件中，默认的字体是MS PGothic[1]。MS PGothic字体显示日语没什么问题，但因为线条比较粗，所以显示英语或数字的时候，就不太好看了。所以，首先要调整工作表的整体字体。

字体中常用的是Arial。**Arial字体的线条非常细，可以清晰显示数字**。要想制作清晰好看的表格，推荐使用Arial字体。

一般情况下，更改字体的时候，大多数人常用鼠标右键点击单元格，在弹出的小工具栏中选择想要的字体。但这种操作方法效率非常低下。使用快捷键就快多了。

MS PGothic与Arial

MS PGothic   123456789   Arial   123456789

〉〉〉 使用 "Alt" 键，可以极大减少使用鼠标的机会

使用快捷键变更字体的时候，要用到键盘左下方的 "Alt" 键（图2-2）。"Alt" 是提高工作速度的一个重要法宝。后面也会多次登场。

按下 "Alt" 键之后，就会像图2-3那样在工具栏出现一些字母和数字，我将这些字母和数字称为 "Key Hint"（关键提示）。这些字母和数字表示相应的功能。只要用键盘输出这些字母或数字，就可以打开相应的功能。

按照 "Key Hint" 的提示，按顺序输入字母或数字，我们就能使用相应的功能。所以，只要按下 "Alt" 键，工具栏中的所有功能基本上

---

[1]   此处特指日版的Excel 2013。

| 图2-2 | "Alt"键的位置。"Alt"键是Excel作业中非常重要的一个键 |

| 图2-3 | 按下"Alt"键，工具栏就会出现一些字母和数字——"Key Hint" |

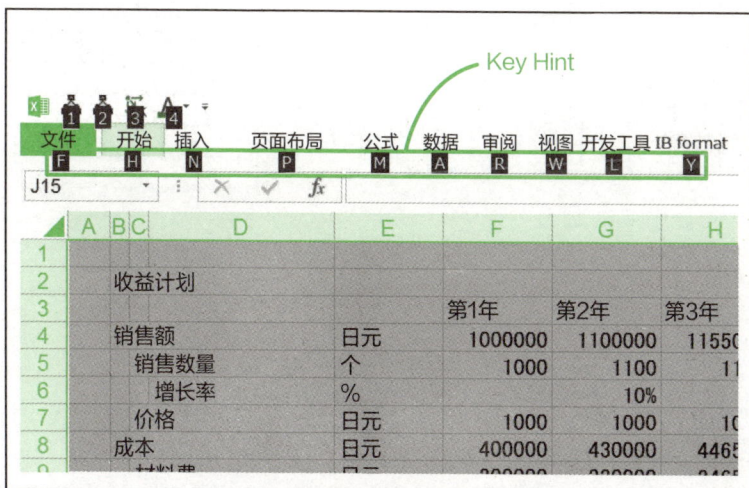

都可以通过键盘进行操作，从而最大限度地减少鼠标的使用频率。这就是"Alt"键最大的用处。

使用"Alt"键，不用专门记忆快捷键的顺序。因为按下"Alt"键之后，会显示"Key Hint"，我们只要按照"Key Hint"的提示操作即可。当然，熟练之后，即使不看"Key Hint"，我们也能快速操作，这样无疑会大大提高操作速度。

> 快捷组合键也分两种，一种是几个键同时按，另一种是按顺序一个一个按。在本书中，"+"表示同时按，"→"表示依次按。
> "Ctrl"+"C"　　　　　　　　　　　　2个键同时按
> "Alt"→"H"→"F"→"F"　　　　　4个键依次按

使用"Alt"键变更字体时的快捷键组合是，在全选整个工作表的状态下依次按"Alt"→"H"→"F"→"F"。"F"是"Font（字体）"的首字母。经过上述快捷键操作，就会显示字体框，只要在字体框中输入"Arial"，整个工作表的字体就变成了"Arial"。

重要的快捷键

变更字体

Alt → H → F → F

（1）全选工作表后，按"Alt"键，显示出"Key Hint"。再按"H"键，打
开"开始"功能。

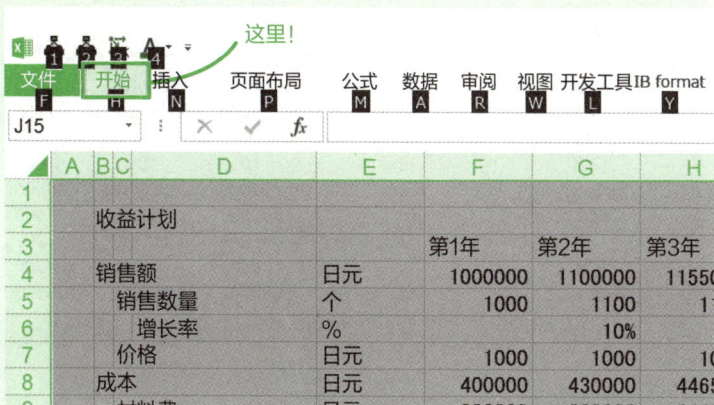

（2）再按"F"→"F"，打开显示"字体框"。

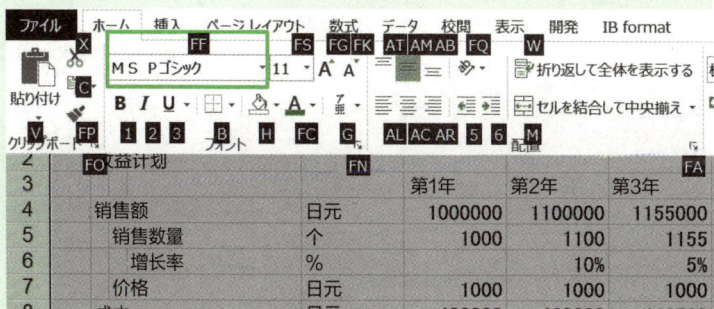

（3）在字体框中输入"Arial"。

| ファイル | ホーム | 挿入 | ページ レイアウト | 数式 | データ | 校閲 | 表示 | 開発 | IB format |

Arial ▾ | 11 ▾ A⌃ A⌄
B I U ▾ | ⊞ ▾ | ◇ ▾ A ▾
貼り付け
クリップボード | フォント | 配置
折り返して全体を表示する
セルを結合して中央揃え ▾

2	収益计划				
3			第1年	第2年	第3年
4	销售额	日元	1000000	1100000	1155000
5	销售数量	个	1000	1100	1155
6	增长率	%		10%	5%
7	价格	日元	1000	1000	1000
8	成本	日元	400000	430000	446500
9	材料费	日元	300000	330000	346500
10	单个商品的平均材料费	日元	300	300	300
11	租金	日元	100000	100000	100000
12	利润	日元	600000	670000	708500

（4）整个工作表的字体都变成了Arial。

	A	B	C	D	E	F	G	H
1								
2			收益计划					
3						第1年	第2年	第3年
4			销售额		日元	1000000	1100000	1155000
5			销售数量		个	1000	1100	1155
6			增长率		%		10%	5%
7			价格		日元	1000	1000	1000
8			成本		日元	400000	430000	446500
9			材料费		日元	300000	330000	346500
10			单个商品的平均材料费		日元	300	300	300
11			租金		日元	100000	100000	100000
12			利润		日元	600000	670000	708500

》》》 如何把Arial设置为默认字体

还有一个一劳永逸的方法，就是把Arial设置为默认字体。依次点击"文件"→"选项"→"常规"，把默认字体设置为Arial，就不需要前面那些操作了。以后整个Excel文件的文字和数字就都是Arial字体了。

顺序图

（1）"文件"→"选项"。

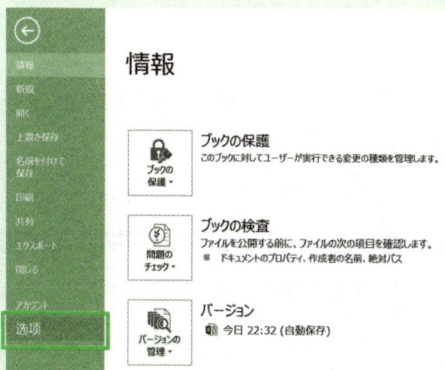

（2）在"常规"中设置默认字体。

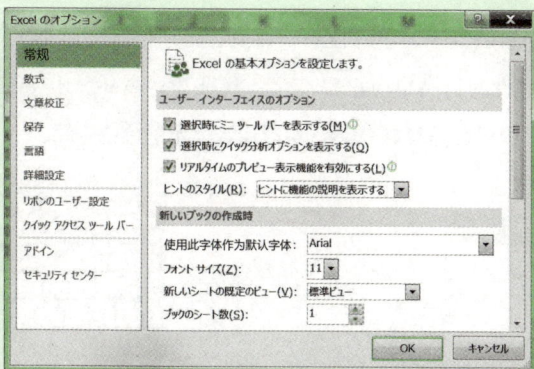

Step 2 修改行高（纵向高度）

要想让表格清晰、易懂，很多人都把焦点放在了背景色和边框上，但实际上，**"余白"也很重要**，而"余白"被大多数人忽视了。不仅仅是Excel资料，其他资料也一样，如果留的余白太少，让数据显得非常拥挤，那么还没看内容，读者就会感到一种紧张感和压迫感。

尤其是行的高度（纵向高度），如果设定过于狭窄的话，单元格中的文字给人的感觉就像在沙丁鱼罐头中一样，很拥挤，看起来很不舒服。只有调节好行的高度，留够余白，才能让表格看起来清爽、明白。

调整行高的时候，可以点击鼠标右键，在弹出的对话框中设置"行高"。但是，这种方法的速度明显很慢，所以我们还是用快捷键来解决行高的调整。

调整行高，我们要用到Application键。Application键位于键盘的右下方，这个键上的图标是"🐭"。**这个键的功能和鼠标右键一样，学会使用这个键将大大提高工作效率**。

调整整个工作表行高的方法是，先全选工作表，再按"Application键"→"R"。这时，就弹出了调整行高的对话框。"R"是"Row（行）"的首字母。

在行高对话框中，输入行高的数值，再"确定"就行了。

Excel文件的行高也应该标准化，我推荐行高18。Excel软件默认的字号是11，所以，**行高18的话，可以保证充足的余白空间**。

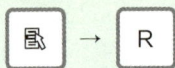

重要的快捷键

修改行高

🐭 → R

166

修改行高（纵向高度）

（1）全选整个工作表，按下"Application键"。

（2）再按下"R"键，选择"行高"，在弹出的行高窗口中输入"18"，再"确定"就OK了。

（3）行高改为18之后的效果。

	A	BC	D	E	F	G	H
1							
2		收益计划					
3					第1年	第2年	第3年
4		销售额		日元	1000000	1100000	1155000
5			销售数量	个	1000	1100	1155
6			增长率	%		10%	5%
7			价格	日元	1000	1000	1000
8		成本		日元	400000	430000	446500
9			材料费	日元	300000	330000	346500
10			单个商品的平均材料费	日元	300	300	300
11			租金	日元	100000	100000	100000
12		利润		日元	600000	670000	708500

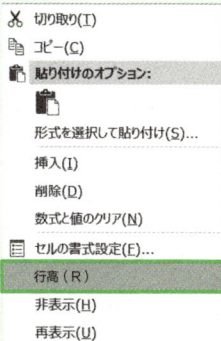

Step 3　给数字添加千位分隔符

　　Excel资料中的数字经常会比较大，位数很多。如果不给数字添加千位分隔符的话，就很难准确读数。特别是6位以上的数字，如果让读者"个、十、百、千、万……"地数位数，那就太耽误读者的时间了，也显得非常不专业。所以，Excel资料中的数字，一定要加千位分隔符。

　　像"1500000""1300000"这样表示数字的话，要想准确读数就得先数位数，但如果添加千位分隔符的话，就变成"1,500,000""1,300,000"，读者一看就知道是"150万""130万"。可见，**Excel资料中的数字不加千位分隔符的话，将极大影响读者的阅读理解**。我们制作资料的时候，也容易出现输入和计算错误。

　　给数字添加千位分隔符的操作方法是，先全选整个工作表，然后同时按"Shift"+"Ctrl"+"1"。这样一来，工作表中的所有超过3位的数字，就都添加了千位分隔符。不过要注意，这里的"1"不能用小键盘的"1"。

　　不过，使用这组快捷键添加千位分隔符的话，负数的前面就会出现"–（负号）"。例如，"–3,158"。但是，在处理财务数据的时候，一般要求用"▲3,158"或"（3,158）"的形式来表示负数。要变成财务数据需要的形式，可以在"设置单元格格式"中进行修改。

　　到现在为止，我们学习了"变更字体""修改行高（纵向高度）"和"给数字添加千位分隔符"，这3项操作都是针对整个工作表进行的。当您在制作一份Excel资料的时候，只要打开一个工作表，就应该先进行上述3项操作。

给数字添加千位分隔符

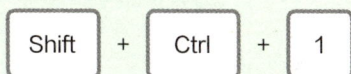

| Shift | + | Ctrl | + | 1 |

顺序图 给数字添加千位分隔符。

（1）全选整个工作表，然后同时按下"Shift"+"Ctrl"+"1"。

	A	B	C	D	E	F	G	H
1								
2			收益计划					
3						第1年	第2年	第3年
4			销售额		日元	1000000	1100000	1155000
5			销售数量		个	1000	1100	1155
6			增长率		%		10%	5%
7			价格		日元	1000	1000	1000
8			成本		日元	400000	430000	446500
9			材料费		日元	300000	330000	346500
10			单个商品的平均材料费		日元	300	300	300
11			租金		日元	100000	100000	100000
12			利润		日元	600000	670000	708500

（2）工作表中的所有3位数以上的数字，都添加了千位分隔符。

	A	B	C	D	E	F	G	H
1								
2			收益计划					
3						第1年	第2年	第3年
4			销售额		日元	1,000,000	1,100,000	1,155,000
5			销售数量		个	1,000	1,100	1,155
6			增长率		%		0	0
7			价格		日元	1,000	1,000	1,000
8			成本		日元	400,000	430,000	446,500
9			材料费		日元	300,000	330,000	346,500
10			单个商品的平均材料费		日元	300	300	300
11			租金		日元	100,000	100,000	100,000
12			利润		日元	600,000	670,000	708,500

04　显示%和小数点后面的位数

Step 1　显示%

Step 2　显示小数点后面的位数

前面，我为大家介绍了调整工作表整体格式的最快方法。接下来，我要教您对个别单元格进行调整的最快方法。

刚才我们对整个工作表中的数字添加了千位分隔符。这样一来，数字就不容易读错了。但是，这个操作也有"副作用"，会出现下一页上图中的问题，原本带有%的数字，都变成了0。这时，我们就要把这些数字恢复为原来带%的形式（下一页下图）。

另外，为了保证数字的准确性，百分数一般要保留小数点后1位或2位数字。我们把变成0的数字恢复成百分数后，还要让百分数的小数点后显示1位或2位数字。

〉〉〉 单位都是"千进制"

细心的朋友可能已经发现了，本书Excel资料数字的单位，使用的都是"千日元""百万日元""十亿日元"……也就是说，单位是"千进制"的。其实，这也很好理解，因为我们给数字添加了千位分隔符。举例来说，150,000,000日元，我们可以把最后的3个0消掉，表示为150,000千日元，或者干脆表示为150百万日元。在实际工作中，用"万日元""亿日元"作为金额单位的情况不多。

给数字添加千位分隔符后，百分数变成了0

	A BC	D	E	F	G	H
1						
2	收益计划					
3				第1年	第2年	第3年
4	销售额		日元	1,000,000	1,100,000	1,155,000
5	销售数量		个	1,000	1,100	1,155
6	增长率		%		0	0
7	价格		日元	1,000	1,000	1,000
8	成本		日元	400,000	430,000	446,500
9	材料费		日元	300,000	330,000	346,500
10	单个商品的平均材料费		日元	300	300	300
11	租金		日元	100,000	100,000	100,000
12	利润		日元	600,000	670,000	708,500

将百分数"复活"，并显示小数点后1位数字

	A BC	D	E	F	G	H
1						
2	收益计划					
3				第1年	第2年	第3年
4	销售额		日元	1,000,000	1,100,000	1,155,000
5	销售数量		个	1,000	1,100	1,155
6	增长率		%		10.0%	5.0%
7	价格		日元	1,000	1,000	1,000
8	成本		日元	400,000	430,000	446,500
9	材料费		日元	300,000	330,000	346,500
10	单个商品的平均材料费		日元	300	300	300
11	租金		日元	100,000	100,000	100,000
12	利润		日元	600,000	670,000	708,500

Step 1　显示%

　　给数字添加千位分隔符后，原来的百分数都变成了0，我们要让这些百分数"复活"，让%再次出现。当然，这项操作不可能对工作表中的所有单元格实施，只对原来有百分数的单元格实施即可。

　　顺序是，首先选择原本有百分数的单元格。然后同时按"Shift"＋"Ctrl"＋"5"就OK了。为什么是"5"？因为数字键"5"和"%"是同一个键。

重要的快捷键

显示%

Shift	+	Ctrl	+	5

顺序图	显示%

（1）选择想要复活百分数的单元格。

	A	B	C	D	E	F	G	H
1								
2		收益计划						
3						第1年	第2年	第3年
4		销售额			日元	1,000,000	1,100,000	1,155,000
5			销售数量		个	1,000	1,100	1,155
6			增长率		%		0	0
7			价格		日元	1,000	1,000	1,000
8		成本			日元	400,000	430,000	446,500
9			材料费		日元	300,000	330,000	346,500
10			单个商品的平均材料费		日元	300	300	300
11			租金		日元	100,000	100,000	100,000
12		利润			日元	600,000	670,000	708,500

（2）同时按下快捷键"Shift"+"Ctrl"+"5"，将所选单元格中数字显示为百分数。

	A	B	C	D	E	F	G	H
1								
2		收益计划						
3						第1年	第2年	第3年
4		销售额			日元	1,000,000	1,100,000	1,155,000
5			销售数量		个	1,000	1,100	1,155
6			增长率		%		10%	5%
7			价格		日元	1,000	1,000	1,000
8		成本			日元	400,000	430,000	446,500
9			材料费		日元	300,000	330,000	346,500
10			单个商品的平均材料费		日元	300	300	300
11			租金		日元	100,000	100,000	100,000
12		利润			日元	600,000	670,000	708,500

专栏　跳槽到金融企业，可能要接受Excel考试

要想跳槽到投资银行或私募基金等金融企业，不具备一流的Excel操作能力，恐怕没戏。

现在很多金融企业在招聘有经验的职员时，都会实施Excel操作能力考试。据我所知，如面对"请在6小时内制作一份财务模型文件"这样的题目，您的财务知识再全面，如果Excel操作能力不行的话，恐怕也无法在6小时内完成任务。我们都知道IT企业在招聘程序工程师的时候，会考验应聘人员的现场编程能力，而金融企业考核应聘人员的Excel操作能力，也是类似的道理。

顺便提一句，我听说在纽约专门有教人用Excel制作财务模型的学校，就是为那些想跳槽到金融企业的人准备的。

Step 2　显示小数点后面的位数

　　Excel资料中的数字如果有百分数，为了确保百分数的准确性，我们一般要保留百分数小数点后1位或2位数字。

　　举例来说，今年和去年的销售额增长率都是"5%"。我们知道，这个"5%"是四舍五入得来的结果。那么，两个"5%"都有可能是"4.5%"到"5.4%"之间的某个数字。这个差距在0.9%之内，范围太大了，让读者难以比较出两个5%的意义。

　　为防止这种情况的发生，Excel资料中的百分数，要保留小数点后1位或2位数字。我听说某家大型金融机构，规定百分数一定要保留小数点后2位数字。

　　显示小数点后1位数字的时候，可以先选择相应的单元格，然后依次按"Alt"→"H"→"0"。注意，最后的键不是字母"O"，是数字"0"。如果还想再添加1位，显示小数点后2位数字的话，重复一遍前面的操作即可。另外，减少小数点后位数的方法，可以用快捷键"Alt"→"H"→"9"。

　　以上两组快捷键，不仅仅适用于百分数的小数点后添加、减少位数，也适合普通数字。例如，把"10"显示为"10.8"。

重要的快捷键

给小数点后增加显示位数

| Alt | → | H | → | 0 |

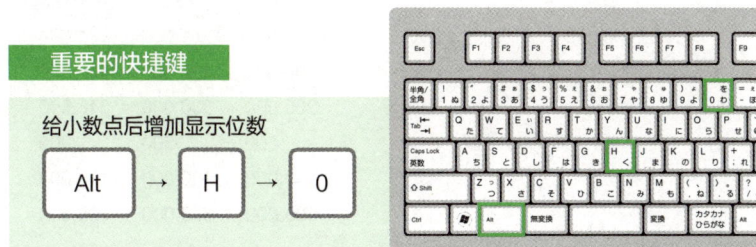

显示小数点后面的位数

（1）选择相应的单元格。

	A	B	C	D	E	F	G	H
1								
2		收益计划						
3						第1年	第2年	第3年
4		销售额			日元	1,000,000	1,100,000	1,155,000
5			销售数量		个	1,000	1,100	1,155
6			增长率		%		10%	5%
7			价格		日元	1,000	1,000	1,000
8		成本			日元	400,000	430,000	446,500
9			材料费		日元	300,000	330,000	346,500
10			单个商品的平均材料费		日元	300	300	300
11			租金		日元	100,000	100,000	100,000
12		利润			日元	600,000	670,000	708,500

（2）依次按下"Alt"→"H"→"0"，给小数点后添加位数。

	A	B	C	D	E	F	G	H
1								
2		收益计划						
3						第1年	第2年	第3年
4		销售额			日元	1,000,000	1,100,000	1,155,000
5			销售数量		个	1,000	1,100	1,155
6			增长率		%		10.0%	5.0%
7			价格		日元	1,000	1,000	1,000
8		成本			日元	400,000	430,000	446,500
9			材料费		日元	300,000	330,000	346,500
10			单个商品的平均材料费		日元	300	300	300
11			租金		日元	100,000	100,000	100,000
12		利润			日元	600,000	670,000	708,500

05　调整边框

Step 1　消除单元格框线

Step 2　画表格框线

Excel操作中经常涉及的框线，大体上有两种。

一种是单元格的框线。单元格四周的灰色线，就是单元格的框线，也叫网格线。在Excel文件中打开一个新的工作表，其中所有的单元格都有灰色框线。

另一种是表格的框线。打开新的工作表时，没有制作表格，当然也就没有表格框线。我们可以在工作表中任意画表格框线，以制作表格。

这两种框线使用得当的话，能让Excel资料外观漂亮、清晰易懂。使用不当的话，不仅外观很难看，也不便于读者阅读。下一页中的上图和下图，就是调整框线前后的效果对比。下图更加美观、清晰。

下一页中的下图与上图相比，只是消除了单元格框线。而且，在表格中画了粗、细两种横线。仅仅是这样的操作，就使表格给人的印象焕然一新。

调整框线时的要点有两个：1.不必要的框线要清除；2.画新线的时候，线的数量要尽可能少。只要严格遵守这两个规则，您也可以制作出美观漂亮、清晰易读的表格。

顺便说一句，本书中介绍的格式调整（显示%、改变数字颜色等），我建议大家在每次计算之后，都应该立即调整。因为调整格式的操作，很容易被遗忘。但是，**框线的调整要用到鼠标，多少有点烦琐，所以等计算整体完成后统一调整比较省时。**

Before 单元格框线（灰色线）太多，显得复杂

	A B C	D	E	F	G	H	I	J
1								
2	收益计划							
3				第1年	第2年	第3年		
4	销售额		日元	1,000,000	1,100,000	1,155,000		
5	销售数量		个	1,000	1,100	1,155		
6	增长率		%		10.0%	5.0%		
7	价格		日元	1,000	1,000	1,000		
8	成本		日元	400,000	430,000	446,500		
9	材料费		日元	300,000	330,000	346,500		
10	单个商品的平均材料费		日元	300	300	300		
11	租金		日元	100,000	100,000	100,000		
12	利润		日元	600,000	670,000	708,500		
13								
14								
15								
16								

After 调整框线之后，就清爽多了

	A B C	D	E	F	G	H	I	J
1								
2	收益计划							
3				第1年	第2年	第3年		
4	销售额		日元	1,000,000	1,100,000	1,155,000		
5	销售数量		个	1,000	1,100	1,155		
6	增长率		%		10.0%	5.0%		
7	价格		日元	1,000	1,000	1,000		
8	成本		日元	400,000	430,000	446,500		
9	材料费		日元	300,000	330,000	346,500		
10	单个商品的平均材料费		日元	300	300	300		
11	租金		日元	100,000	100,000	100,000		
12	利润		日元	600,000	670,000	708,500		
13								
14								
15								
16								

Step 1　消除单元格框线

在Excel的工作表中制作表格的时候，如果单元格没有框线，制作表格就不太方便。没有单元格框线的话，数字到底是在H行，还是在相邻的I行，就很难判断。

但是，在表格制作完成，进行检查的时候，单元格的框线就显得多余了。**要制作清晰、简洁的表格，不必要的单元格框线一定要清除掉**。大家要养成"表格整体完成后，就把多余的单元格框线清除掉"的习惯。

消除单元格框线的方法是在把工作表整体背景色变成白色的基础上实施的。首先全选整体工作表（"Ctrl"+"A"），然后依次按"Alt"→"H"→"H"，就会显示"主题颜色"的调色盘。弹出"主题颜色"的调色盘后，因为最初选择的就是白色，所以只按"Enter"键就可以了。这时背景就变成了白色，单元格框线就消失了。

还可以通过从菜单栏的"视图"中取消"显示"里"网格线"项目的勾选，来实现消除单元格框线的效果。当然，这种方法也没有问题，但是，"视图"并不是我们常用的功能，而使用频率较高的变更"主题颜色"功能，更顺手，也更好记忆。

另外，使用把背景色变成白色的方法，还可以只把工作表中一部分单元格的边框清除（而取消"显示"里"网格线"的勾选的话，整个工作表中的单元格边框都会消失）。

举例来说，在一个工作表中，我们可能制作多个表格，在已经完成的表格中，我们可以把单元格边框消除，而尚未完成的表格，可以暂时保留单元格边框。

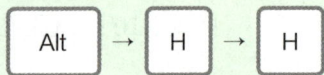
变更背景色

Alt → H → H

顺序图 消除单元格框线

（1）全选整个单元格，依次按"Alt"→"H"→"H"，弹出主题颜色调色盘。因为一开始的默认选择就是白色，所以只按"Enter"键即可。

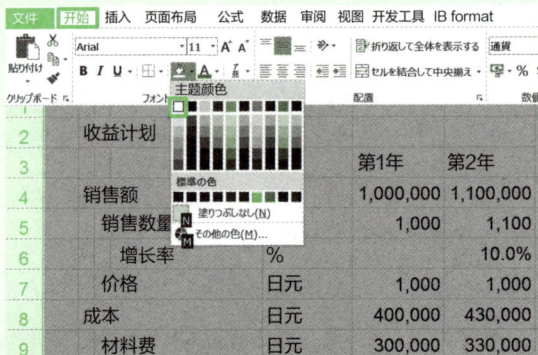

（2）背景色变更为白色后，单元格的边框就消失了。

	A	B C	D	E	F	G	H	I	J
1									
2		收益计划							
3					第1年	第2年	第3年		
4		销售额		日元	1,000,000	1,100,000	1,155,000		
5		销售数量		个	1,000	1,100	1,155		
6		增长率		%		10.0%	5.0%		
7		价格		日元	1,000	1,000	1,000		
8		成本		日元	400,000	430,000	446,500		
9		材料费		日元	300,000	330,000	346,500		
10		单个商品的平均材料费		日元	300	300	300		
11		租金		日元	100,000	100,000	100,000		
12		利润		日元	600,000	670,000	708,500		
13									
14									

Step 2　画表格框线

　　单元格消除之后，整个表格看起来就清爽多了。但是，对一个表格来说，如果其中完全没有线引导的话，也容易让人把数据看错行。所以，把单元格框线消除之后，我们还要加上表格框线。

　　画表格框线的注意事项是，**线的数量尽量少，线条尽量细**。像下一页图2-4那样的表格，框线太多，给人"满眼都是格子"的感觉，看起来就容易疲劳。但像图2-5那样，只有最低限度的线条，看起来就很清爽。

　　后面我还会详细讲解，只要把项目名称左对齐、数字右对齐，基本上就不需要纵向的框线了。**只需要适当的横线，就完全可以让表格清晰明了，又不容易看错行**。

　　绘制表格框线的时候，先选择整个表格。在选中"表格中的"适当单元格的状态下，按快捷键"Ctrl"＋"A"，就可以全选整个表格。

　　然后，再通过快捷键"Ctrl"＋"1"，打开"设置单元格格式"的菜单。"设置单元格格式"菜单打开之后，默认显示的是左侧第一个功能"数字"，我们要用的是第四个功能"边框"。这时，只需按3次"→"，就可以从"数字"移动到"边框"。没有必要用鼠标去选择"边框"功能。然后使用"边框"中的功能，绘制想要的表格框线（顺序图请参见第184页）。

〉〉〉 我建议"上下用粗线，中间用细线"

　　表格框线的绘制方法多种多样，每个人的风格和喜好也不尽相同。但是，为了高效制作Excel资料，我建议大家在团队内建立一套标准化的表格框线绘制规则。

图2-4 表格中框线太多的话，看起来烦琐、沉重

	收益计划				
			第1年	第2年	第3年
销售额		日元	1,000,000	1,100,000	1,155,000
销售数量		个	1,000	1,100	1,155
增长率		%		10.0%	5.0%
价格		日元	1,000	1,000	1,000
成本		日元	400,000	430,000	446,500
材料费		日元	300,000	330,000	346,500
单个商品的平均材料费		日元	300	300	300
租金		日元	100,000	100,000	100,000
利润		日元	600,000	670,000	708,500

图2-5 绘制最低限度的框线，看起来清爽、轻松

	收益计划				
			第1年	第2年	第3年
销售额		日元	1,000,000	1,100,000	1,155,000
销售数量		个	1,000	1,100	1,155
增长率		%		10.0%	5.0%
价格		日元	1,000	1,000	1,000
成本		日元	400,000	430,000	446,500
材料费		日元	300,000	330,000	346,500
单个商品的平均材料费		日元	300	300	300
租金		日元	100,000	100,000	100,000
利润		日元	600,000	670,000	708,500

绘制框线的时候，利用"设置单元格格式"菜单中的"边框"功能，在"样式"中选择线条的粗细即可。

我推荐的标准化规则是"在表格的最上方和最下方绘制粗横线，在表格中绘制细横线"。

表格最上方和最下方的框线，我建议使用"样式"右列从下数第3位的较粗实线（不同的Excel版本，可能"样式"中粗细实线的位置不同，要根据实际情况来确定）。

表格中的横线建议使用"样式"左列从下数第1位的细实线。在"设置单元格格式"菜单中，"样式"的右方还有"边框"选项，在这里我们可以选择插入线条的位置。这项作业使用键盘就比较麻烦了，所以建议使用鼠标（在某些情况下，鼠标也有优势）。

再进一步讲一点细节，标题区域（图2-6中"收益计划"区域）的横线，没有必要存在，所以删除了。

删除表格框线的方法是，选择标题区域的单元格，按快捷键"Ctrl"+"1"，在弹出的"设置单元格格式"菜单中用"边框"功能进行删除。

重要的快捷键

打开"设置单元格格式"

Ctrl + 1

图2-6 **标题区域的横线没必要保留，可以删除**

	A B C	D	E	F	G	H
1						
2	收益计划	收益计划	← 可以删除！			
3				第1年	第2年	第3年
4		销售额	日元	1,000,000	1,100,000	1,155,000
5		销售数量	个	1,000	1,100	1,155
6		增长率	%		10.0%	5.0%
7		价格	日元	1,000	1,000	1,000
8		成本	日元	400,000	430,000	446,500
9		材料费	日元	300,000	330,000	346,500
10		单个商品的平均材料费	日元	300	300	300
11		租金	日元	100,000	100,000	100,000
12		利润	日元	600,000	670,000	708,500

顺序图 **绘制表格框线**

（1）选择表格内的适当单元格，按下快捷键"Ctrl"+"A"，全选整个表格。

	A B C	D	E	F	G	H
1						
2	收益计划					
3				第1年	第2年	第3年
4	销售额		日元	1,000,000	1,100,000	1,155,000
5	销售数量		个	1,000	1,100	1,155
6	增长率		%		10.0%	5.0%
7	价格		日元	1,000	1,000	1,000
8	成本		日元	400,000	430,000	446,500
9	材料费		日元	300,000	330,000	346,500
10	单个商品的平均材料费		日元	300	300	300
11	租金		日元	100,000	100,000	100,000
12	利润		日元	600,000	670,000	708,500

（2）再按快捷键"Ctrl"+"1"，弹出"设置单元格格式"菜单。

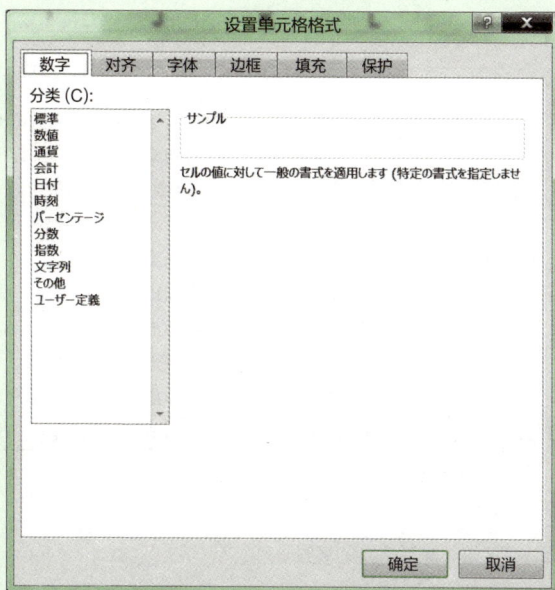

（3）按3次"→"键，移动到"边框"。再分别在"样式"和"边框"中选择
框线的粗细，并指定位置。只有这项操作用鼠标完成。

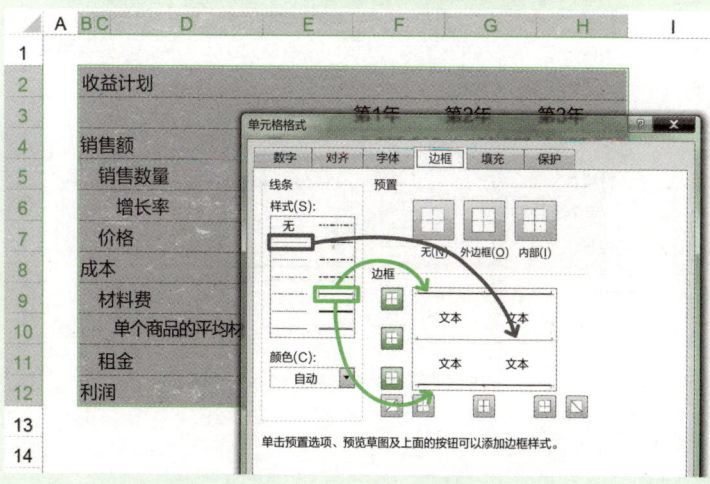

（4）这样就OK了！

			第1年	第2年	第3年
收益计划					
销售额	日元		1,000,000	1,100,000	1,155,000
销售数量	个		1,000	1,100	1,155
增长率	%			10.0%	5.0%
价格	日元		1,000	1,000	1,000
成本	日元		400,000	430,000	446,500
材料费	日元		300,000	330,000	346,500
单个商品的平均材料费	日元		300	300	300
租金	日元		100,000	100,000	100,000
利润	日元		600,000	670,000	708,500

（5）选择标题区域，删除多余的横线。

			第1年	第2年	第3年
收益计划					
销售额	日元		1,000,000	1,100,000	1,155,000
销售数量			1,000	1,100	
增长率					
价格					
成本					
材料费					
单个商品的平					
租金					
利润					

单元格格式

数字　对齐　字体　**边框**　填充　保护

线条
样式(S):
无

预置
无(N)　外边框(O)　内部(I)

边框

文本　　文本

文本　　文本

颜色(C):
自动

单击预置选项、预览草图及上面的按钮可以添加边框样式。

（6）标题区域的横线消失了，表格看起来更加清爽、大气。

	A	B C	D	E	F	G	H
1							
2		收益计划					
3					第1年	第2年	第3年
4		销售额		日元	1,000,000	1,100,000	1,155,000
5		销售数量		个	1,000	1,100	1,155
6		增长率		%		10.0%	5.0%
7		价格		日元	1,000	1,000	1,000
8		成本		日元	400,000	430,000	446,500
9		材料费		日元	300,000	330,000	346,500
10		单个商品的平均材料费		日元	300	300	300
11		租金		日元	100,000	100,000	100,000
12		利润		日元	600,000	670,000	708,500

06 调整列宽（横向宽度）

Step 1 自动调整列宽（横向宽度）

Step 2 指定列宽（横向宽度）

Step 3 将表格内容对齐

前面讲过，要想让表格中的内容清晰易读，留出足够的余白空间非常重要。我们已经学过调整整个工作表中所有行的高度（纵向高度），这次我们来学习调整列的宽度（横向宽度）。

在Excel表格中，文字也好、数字也罢，一般都会在一行内显示完，大多不会出现跨行的情况。因此，文字、数字的高度，每一行都是一样的。而且，我们已经根据默认的字号（11号），把行的高度设定为18了。

不过，==虽然文字、数字的高度（纵向高度）都是一样的，但长度（横向宽度）却是长短不一的==。在同一列中，可能既有"1,000,000"这样的7位数，也有"3,000"这样的4位数。它们的长短就相差较大。

所以，我们要对每一列的宽度进行单独调整。也许您会觉得单独调整每一列很烦琐，但只要您掌握了快捷键的用法，一样可以快速完成。

调整列的宽度大体上有两种形式。一种是根据项目名称或数字的长度进行**自动调整**；另一种是**指定列的宽度**。

接下来我就按顺序为大家一一讲解各种调整方法。

相对列中内容来说，有的列太宽，有的列太窄，看起来很不
协调

	A	B C	D	E	F	G	H
1							
2		收益计划					
3			太宽了！		第1年	太窄了！第2年	第3年
4		销售额		日元	1,000,000	1,100,000	1,155,000
5		销售数量		个	1,000	1,100	1,155
6		增长率		%		10.0%	5.0%
7		价格		日元	1,000	1,000	1,000
8		成本		日元	400,000	430,000	446,500
9		材料费		日元	300,000	330,000	346,500
10		单个商品的平均材料费		日元	300	300	300
11		租金		日元	100,000	100,000	100,000
12		利润		日元	600,000	670,000	708,500

调整列宽之后，就协调多了

	A	B C	D	E	F	G	H
1							
2		收益计划					
3					第1年	第2年	第3年
4		销售额		日元	1,000,000	1,100,000	1,155,000
5		销售数量		个	1,000	1,100	1,155
6		增长率		%		10.0%	5.0%
7		价格		日元	1,000	1,000	1,000
8		成本		日元	400,000	430,000	446,500
9		材料费		日元	300,000	330,000	346,500
10		单个商品的平均材料费		日元	300	300	300
11		租金		日元	100,000	100,000	100,000
12		利润		日元	600,000	670,000	708,500

189

Step 1　自动调整列宽（横向宽度）

我们先来看看列宽对表格易读性的影响到底有多大。

先请看图2-7。E列中的文字只有"日元""个"等，最多两个文字，但E列的列宽比较大，对较少的文字来说，这个列宽太宽了。E列合适的宽度是图2-8中的样子。要想调节到图2-8中E列的宽度，我们可以使用自动调整。

可能很多朋友都知道列宽的自动调整方法。一般来说，只要把光标拖动到想要调整的那一列后面的边界线（本例中，是E列和F列的边界线），然后双击鼠标左键，列宽就会根据单元格内容的长短进行自动调整。

这个方法固然可行，但从操作速度来说，我不推荐。**手要离开键盘握住鼠标，再把光标拖动到列的边界线，这一操作就要费不少时间。而且，有的时候光标怎么也对不准边界线，更是让人烦躁不安**。所以，调整列宽的时候，还是使用快捷键最好。

操作顺序是，首先找到想要调整宽度的列，然后选择该列中适当的单元格，按下快捷键"Ctrl"+"Space"[1]，全选该列。

在全选该列的状态下，依次按下"Alt"→"H"→"O"→"I"，该列的宽度就会根据列内容的长短进行自动调整。

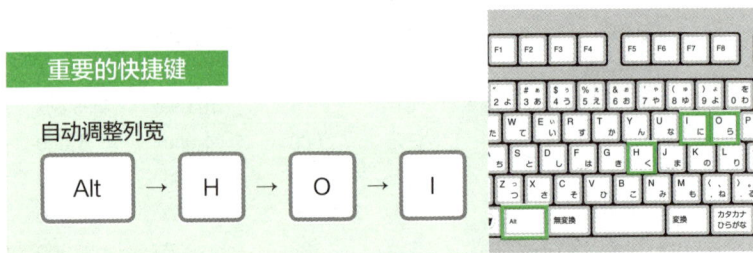

重要的快捷键

自动调整列宽

Alt → H → O → I

---

[1]　Windows 部分中文版默认"Ctrl"+"Space"为切换输入法快捷键，Excel若要使用则需修改。

图2-7 **E列的内容是"单位"，相较于内容的长度，列宽太宽了**

	A B C	D	E	F	G	H
1						
2	收益计划					
3				第1年	第2年	第3年
4	销售额		日元	1,000,000	1,100,000	1,155,000
5	销售数量		个	1,000	1,100	1,155
6	增长率		%		10.0%	5.0%
7	价格		日元	1,000	1,000	1,000
8	成本		日元	400,000	430,000	446,500
9	材料费		日元	300,000	330,000	346,500
10	单个商品的平均材料费		日元	300	300	300
11	租金		日元	100,000	100,000	100,000
12	利润		日元	600,000	670,000	708,500

图2-8 **自动调整E列宽度之后，表格看起来就紧凑多了**

	A B C	D	E	F	G	H
1						
2	收益计划					
3				第1年	第2年	第3年
4	销售额		日元	1,000,000	1,100,000	1,155,000
5	销售数量		个	1,000	1,100	1,155
6	增长率		%		10.0%	5.0%
7	价格		日元	1,000	1,000	1,000
8	成本		日元	400,000	430,000	446,500
9	材料费		日元	300,000	330,000	346,500
10	单个商品的平均材料费		日元	300	300	300
11	租金		日元	100,000	100,000	100,000
12	利润		日元	600,000	670,000	708,500

自动调整列宽（横向宽度）。

（1）在希望调整的列选择适当的单元格。

	A B C	D	E	F	G	H
1						
2	收益计划					
3				第1年	第2年	第3年
4	销售额	日元		1,000,000	1,100,000	1,155,000
5	销售数量	个		1,000	1,100	1,155
6	增长率	%			10.0%	5.0%
7	价格	日元		1,000	1,000	1,000
8	成本	日元		400,000	430,000	446,500
9	材料费	日元		300,000	330,000	346,500
10	单个商品的平均材料费	日元		300	300	300
11	租金	日元		100,000	100,000	100,000
12	利润	日元		600,000	670,000	708,500

（2）通过快捷键"Ctrl"+"Space"，全选整列。

	A B C	D	E	F	G	H
1						
2	收益计划					
3				第1年	第2年	第3年
4	销售额	日元		1,000,000	1,100,000	1,155,000
5	销售数量	个		1,000	1,100	1,155
6	增长率	%			10.0%	5.0%
7	价格	日元		1,000	1,000	1,000
8	成本	日元		400,000	430,000	446,500
9	材料费	日元		300,000	330,000	346,500
10	单个商品的平均材料费	日元		300	300	300
11	租金	日元		100,000	100,000	100,000
12	利润	日元		600,000	670,000	708,500

（3）依次按"Alt"→"H"→"O"→"I"。

（4）自动调整选定的列的宽度。

	A B C	D	E	F	G	H
1						
2	收益计划					
3				第1年	第2年	第3年
4	销售额		日元	1,000,000	1,100,000	1,155,000
5	销售数量		个	1,000	1,100	1,155
6	增长率		%		10.0%	5.0%
7	价格		日元	1,000	1,000	1,000
8	成本		日元	400,000	430,000	446,500
9	材料费		日元	300,000	330,000	346,500
10	单个商品的平均材料费		日元	300	300	300
11	租金		日元	100,000	100,000	100,000
12	利润		日元	600,000	670,000	708,500

Step 2　指定列宽（横向宽度）

自动调整列宽（横向宽度）是一项很便利的功能，但是，通过自动调整，有些列会显得过于狭窄了。

图2-9是对整个表格的列宽进行自动调整后的效果。我们可以看到，F、G、H三列的第4行都是7位数字，自动调整的列宽让7位数字显得很拥挤、局促。这时，我们可以指定列宽进行调整。图2-10是指定列宽调整之后的效果。7位数前也有了余白空间，看起来不再局促。

指定列宽进行调整的时候，首先要全选想调整宽度的所有列。全选想调整的所有列，和前面讲过的操作一样，选择列中适当单元格后按快捷键"Ctrl"+"Space"。想调整多个列的宽度时，再按"Shift"+"→"选中相邻的列。

选中想调整的所有列之后，就该指定列宽了。首先依次按"Application键"→"C"→"C"→"Enter"，调出显示列宽的窗口。"C"要按两次。通过"Application键"弹出的菜单中，有两个"C"开头的功能，只按一次"C"的话就选中了"复制（Copy）"功能。连续按两次"C"才能选中"列宽（Column Width）"功能。

通过"Application键"→"C"→"C"→"Enter"打开的列宽窗口，显示的是当前列宽的数值（也就是自动调整的列宽数值）。只要改变这个数值，就可以改变列宽。

在这个例子中，**我建议在"自动调整的列宽"数值的基础上，再加2就可以了**。如果之前自动调整的列宽数值是8，那我们现在改为10就行了；自动调整的列宽数值是10，现在改为12就行。这个"+2"的调整方法，也应该作为一种标准在整个团队推广。

194

重要的快捷键

打开列宽窗口

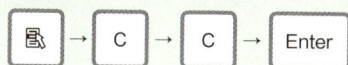

🖱 → C → C → Enter

图2-9　自动调整的列宽，第4行单元格中的7位数字显得非常局促

图2-10　对F、G、H列的宽度进行指定调整，宽度增加2

195

（1）在想调整列宽的列中，选择适当的单元格，按快捷键"Ctrl"+"Space"全选该列。

	A	B C	D	E	F	G	H
1							
2		收益计划					
3					第1年	第2年	第3年
4		销售额		日元	1,000,000	1,100,000	1,155,000
5		销售数量		个	1,000	1,100	1,155
6		增长率		%		10.0%	5.0%
7		价格		日元	1,000	1,000	1,000
8		成本		日元	400,000	430,000	446,500
9		材料费		日元	300,000	330,000	346,500
10		单个商品的平均材料费		日元	300	300	300
11		租金		日元	100,000	100,000	100,000
12		利润		日元	600,000	670,000	708,500

（2）如果想调整多列的列宽，通过快捷键"Shift"+"→"选择相邻的列。

	A	B C	D	E	F	G	H
1							
2		收益计划					
3					第1年	第2年	第3年
4		销售额		日元	1,000,000	1,100,000	1,155,000
5		销售数量		个	1,000	1,100	1,155
6		增长率		%		10.0%	5.0%
7		价格		日元	1,000	1,000	1,000
8		成本		日元	400,000	430,000	446,500
9		材料费		日元	300,000	330,000	346,500
10		单个商品的平均材料费		日元	300	300	300
11		租金		日元	100,000	100,000	100,000
12		利润		日元	600,000	670,000	708,500

（3）依次按"Application键"→"C"→"C"→"Enter"，调出列宽窗口，输入列宽数值。标准是"自动调整的数值+2"。

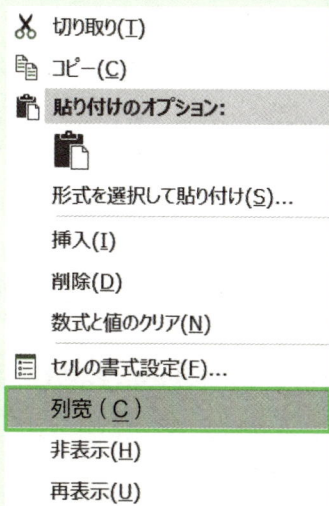

✂ 切り取り(T)	
📋 コピー(C)	
📋 貼り付けのオプション：	
📋	
形式を選択して貼り付け(S)…	
挿入(I)	
削除(D)	
数式と値のクリア(N)	
📋 セルの書式設定(F)…	
列幅（C）	
非表示(H)	
再表示(U)	

列幅 ❓ ✕

列幅（C）： 10.5

確定   取消

（4）列宽调整完毕，留出了充分的余白空间。

	A B C	D	E	F	G	H
1						
2	收益计划					
3			第1年		第2年	第3年
4	销售额	日元	1,000,000		1,100,000	1,155,000
5	销售数量	个	1,000		1,100	1,155
6	增长率	%			10.0%	5.0%
7	价格	日元	1,000		1,000	1,000
8	成本	日元	400,000		430,000	446,500
9	材料费	日元	300,000		330,000	346,500
10	单个商品的平均材料费	日元	300		300	300
11	租金	日元	100,000		100,000	100,000
12	利润	日元	600,000		670,000	708,500

专栏 "列宽+1"，竟可大幅提升表格的易读性

使用Excel软件制作表格的时候，A列和第1行空出来是一个基本规则。如果像图2-11那样，A列和第1行都占用的话，那么表格最左边和最上边有没有边框就无从知晓了。打印出来之后，格式就可能出现问题。

所以，A列保持空白是必要的，但有一点需要注意，那就是A列的宽度。Excel软件中，默认的列宽约为8。但把这个列宽作为余白，显得有点太宽了。所以我们应该像图2-12那样，把A列的宽度调整为3，就不会浪费空间了。

另外，利用列宽的调整，突出项目标题的层级，能让表格内容显得更加清晰易懂。在图2-12中，项目标题分为三个层级。

· "销售额""成本""利润"是一级标题；

· "销售额"之下还有二级标题："销售数量""价格"；

· "销售数量"之下还有三级标题："增长率"。

在这种情况下，我们应该把一级标题安排在B列，二级标题安排在C列，三级标题安排在D列。

B列和C列的宽度都是1，于是，C列和B列之间、D列和C列之间，就有了1的宽度差。这样就可以表现出各个层级标题之间的差异。

我们再来看图2-11，各层级标题没有差别，让读者难以把握标题之间的层级关系。制作这样的表格，作者倒是方便了，可读者就麻烦了。所以，作为表格的制作者，我们一定要考虑读者的感受，目标是制作出让读者易读、易懂的表格。

另外，通过层级结构的设计，还能提高Excel活动单元格的移动速度。详细情况我将在第220页进行讲解。

图2-11 A列和第1行没有空出来，而且项目标题都放在一列中，读者很难理解表格的内容

	A B　　　　C	D	E	F	G
1	收益计划				
2			第1年	第2年	第3年
3	销售额	日元	1,000,000	1,100,000	1,155,000
4	销售数量	个	1,000	1,100	1,155
5	增长率	%		10.0%	5.0%
6	价格	日元	1,000	1,000	1,000
7	成本	日元	400,000	430,000	446,500
8	材料费	日元	300,000	330,000	346,500
9	单个商品的平均材料费	日元	300	300	300
10	租金	日元	100,000	100,000	100,000
11	利润	日元	600,000	670,000	708,500

图2-12 A列和第1行空出来，而且B列和C列的宽度都设置为1，体现出层级结构

	A B C　　　D	E	F	G	H
1	列宽设置为3，保持空白。				
2	收益计划				
3			第1年	第2年	第3年
4	销售额	日元	1,000,000	1,100,000	1,155,000
5	销售数量	个	1,000	1,100	1,155
6	增长率	%		10.0%	5.0%
7	价格	日元	1,000	1,000	1,000
8	成本	日元	400,000	430,000	446,500
9	材料费	日元	300,000	330,000	346,500
10	单个商品的平均材料费	日元	300	300	300
11	租金	日元	100,000	100,000	100,000
12	利润	日元	600,000	670,000	708,500

利用列宽设置，体现出层级结构

Step 3 将表格内容对齐

表格的列宽调整完毕后，就该对表格中的文字和数字的位置进行调整了。

表格中的文字和数字应该对齐，对齐的基本原则是"项目名称左对齐，数字右对齐"。项目名称是文字，一般从左向右阅读。而数字的"个位、十位、百位……"是从右向左排列的。因此，**文字和数字分别按起点对齐，读起来更容易**。

另外，按起点对齐的话，纵向的对齐线就明确了，就没有必要专门画纵线了。没有纵线的表格，看起来更清爽。

前面讲了，对齐的基本原则是"项目名称左对齐，数字右对齐"，但也有例外情况。在有数字的列（尤其是数字位数比较多的时候），如果项目名称左对齐的话，容易看错位。在图2-14中，"第2年"这个项目名称到底代表的是F列数字，还是G列数字，就不好判断了。遇到这种情况的时候，有数字的列，最上方的项目名称应该右对齐，这算一个特例。

项目名称和数字右对齐的操作顺序是，按快捷键"Shift"+"→"，全选有项目名称或数字的单元格。然后依次按"Alt"→"H"→"A"→"R"就OK了。最后的"R"是"Right（右）"的首字母。左对齐的情况，快捷键组合是"Alt"→"H"→"A"→"L"。最后的"L"是"Left（左）"的首字母。

重要的快捷键

右对齐
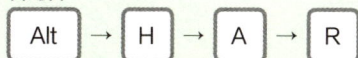

左对齐
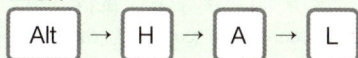

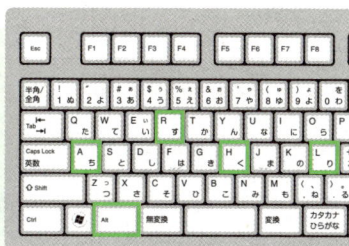

图2-13 对齐的基本原则是"项目名称左对齐，数字右对齐"

左对齐
从左往右读
文字

右对齐
从右往左数（个位、十位、百位、千位……）
15,000,000

图2-14 "第2年"左对齐的话→代表哪一列就不明确

哪一列？

	A B C	D	E	F	G	H
1						
2	收益计划					
3				第1年	第2年	第3年
4	销售额		日元	1,000,000	1,100,000	1,155,000
5	销售数量		个	1,000	1,100	1,155
6	增长率		%		10.0%	5.0%
7	价格		日元	1,000	1,000	1,000
8	成本		日元	400,000	430,000	446,500
9	材料费		日元	300,000	330,000	346,500
10	单个商品的平均材料费		日元	300	300	300
11	租金		日元	100,000	100,000	100,000
12	利润		日元	600,000	670,000	708,500

图2-15 "第2年"右对齐的话→能明确看出代表哪一列

	A BC	D	E	F	G	H
1						右对齐!
2	收益计划					
3				第1年	第2年	第3年
4	销售额		日元	1,000,000	1,100,000	1,155,000
5	销售数量		个	1,000	1,100	1,155
6	增长率		%		10.0%	5.0%
7	价格		日元	1,000	1,000	1,000
8	成本		日元	400,000	430,000	446,500
9	材料费		日元	300,000	330,000	346,500
10	单个商品的平均材料费		日元	300	300	300
11	租金		日元	100,000	100,000	100,000
12	利润		日元	600,000	670,000	708,500

顺序图 指定列宽（横向宽度）

（1）按快捷键"Shift"+"→"全选想要调整的单元格，再依次按"Alt"→"H"→"A"→"R"。

（2）选中单元格中的项目名称就实现了右对齐。想左对齐的话，依次按
"Alt" → "H" → "A" → "L"。

	A B C	D	E	F	G	H
1						
2	收益计划					
3				第1年	第2年	第3年
4	销售额		日元	1,000,000	1,100,000	1,155,000
5	销售数量		个	1,000	1,100	1,155
6	增长率		%		10.0%	5.0%
7	价格		日元	1,000	1,000	1,000
8	成本		日元	400,000	430,000	446,500
9	材料费		日元	300,000	330,000	346,500
10	单个商品的平均材料费		日元	300	300	300
11	租金		日元	100,000	100,000	100,000
12	利润		日元	600,000	670,000	708,500

专栏 在投资银行工作，如何记忆快捷键？

　　到现在，已经给大家介绍了很多快捷键的使用方法。快捷键虽然好用，但对大多数朋友来说，要记忆这么多快捷键，还真是一件头疼的事。我们在投资银行工作的时候，大家用下面的方法记忆快捷键。

　　第一种方法，按英语单词的首字母来记忆。例如，改变字体颜色的快捷键组合是"Alt"→"H"→"F"→"C"，只要记字体（Font的首字母是F）、颜色（Color的首字母是C）两个英语单词的首字母即可。

　　第二种方法就是把快捷键清单贴在办公桌最显眼的地方。这种方法是投资银行职员的常规操作。我刚毕业进入摩根士丹利工作的时候，公司先组织员工培训。在培训中，公司先给每人发了一张Excel快捷键清单，让大家把清单贴在办公桌上。就这样，那张清单在我的办公桌上一贴就是几年。那几年中，因为需要频繁使用Excel软件，频繁查阅快捷键清单，自然而然就记住了每个快捷键的用法。渐渐地，使用Excel软件的时候也就不用查阅清单了。

　　另外，本书的开头就奉上了Excel的快捷键清单。如果您把它复印下来，贴在办公桌上，相信一定对提高工作效率有很大的帮助。

　　记忆Excel快捷键，周围同事的影响也很重要。看到同事在使用Excel软件，我们可以向他学习，问："×××操作要用什么快捷键？"在咨询顾问和投资银行业界，年轻员工经常会聚在一起讨论Excel快捷键的用法。

　　另外，在投资银行工作的人必须熟记快捷键的用法还有一个悲催的理由，因为每天都要使用Excel软件加班到深夜，如果工作速度不够快的话，恐怕每天连睡眠时间都无法保证。再有，记忆快捷键的最有效方法还是实践，与其死记硬背不如在实际操作中记忆。

改变背景的颜色、数字的颜色

Step 1　改变背景色

Step 2　改变数字颜色

在使用Excel软件制作表格的时候，除了框线、单元格高度、宽度，颜色的合理使用也很重要。在下一页的图中，大家可以对比一下不使用颜色（上图）和使用颜色（下图）的不同效果。使用颜色的表格，更能突出重点、画龙点睛。

用Excel软件制作的表格，一般的小表格也往往有10个以上的项目，大型表格有数十甚至数百个项目，这些都很常见。即使调整了合适的框线、行高、列宽，如果该强调的地方没有突出的话，读者在大量的项目中也不知该重点看哪些数字，想找的数字也无法马上找到。所以，为了提高表格的易读、易懂性，合理地使用颜色非常有必要。

在Excel表格中适当地调整颜色，主要有以下两个目的：

（1）通过改变表格的背景色，突出强调的重点；

（2）通过改变数字的颜色，让计算逻辑一目了然。

改变背景色和数字颜色的目的有所不同。改变背景色的目的在于突出强调的重点。改变数字的颜色，则是为了让复杂的计算逻辑显得简单易懂。下一页的下图中，蓝色数字为输入数字，即手动输入的数字，而黑色数字是公式的数字。

没有颜色变化的表格，读者都不知道该从何读起

A	B C	D	E	F	G	H
1						
2	收益计划					
3				第1年	第2年	第3年
4	销售额		日元	1,000,000	1,100,000	1,155,000
5	销售数量		个	1,000	1,100	1,155
6	增长率		%		10.0%	5.0%
7	价格		日元	1,000	1,000	1,000
8	成本		日元	400,000	430,000	446,500
9	材料费		日元	300,000	330,000	346,500
10	单个商品的平均材料费		日元	300	300	300
11	租金		日元	100,000	100,000	100,000
12	利润		日元	600,000	670,000	708,500

After 合理运用颜色的表格，看起来重点突出、逻辑明确

A	B C	D	E	F	G	H
1						
2	收益计划					
3				第1年	第2年	第3年
4	销售额		日元	1,000,000	1,100,000	1,155,000
5	销售数量		个	1,000	1,100	1,155
6	增长率		%		10.0%	5.0%
7	价格		日元	1,000	1,000	1,000
8	成本		日元	400,000	430,000	446,500
9	材料费		日元	300,000	330,000	346,500
10	单个商品的平均材料费		日元	300	300	300
11	租金		日元	100,000	100,000	100,000
12	利润		日元	600,000	670,000	708,500

Step 1   改变背景色

要想突出表格中的重点项目，让表格看起来更加清晰，可以通过改变表格背景色的方法来实现。但是，Excel软件的调色盘中有很多种颜色，不少朋友不知使用哪种颜色合适，如果在一个团队中大家都按自己的喜好使用颜色的话，那无疑将会使资料的颜色变得花里胡哨，缺乏整体性。因此，在团队中有必要为颜色的使用制定一个规则。

在一个部门或一个项目内，可以自行设定统一的主题颜色。但如果Excel资料是要提交给客户的，那么可以根据客户的企业形象颜色设定Excel资料的颜色。投资银行制作提交给客户的资料时，就会事先研究客户的企业形象颜色，根据客户公司的VI（视觉系统）设计确定资料的颜色，让资料具有统一感。

选择背景色的一个关键是：选择浅色。并不只有深色才很显眼，在Excel表格中，即使很浅的背景色，也会特别显眼。打开Excel软件的调色盘，主题色从浅到深一共有5个层次，背景色选择其中最浅的就可以了。常用又好用的背景色，我推荐浅蓝色，既能起到突出的效果，还显得很有品位。

选用深色作为背景色，确实更能突出重点，但背景色太深的话，表格中的数字就看不清了。这就有点舍本逐末了。

改变背景色，和"清除边框"时把背景变为白色的操作相同。首先按快捷键"Shift"+"→"选中想要改变背景色的单元格，然后依次按"Alt"→"H"→"H"弹出调色盘。接下来用箭头键在调色盘中选择想要的颜色，再按"Enter"键就OK了。选择背景色的时候，使用鼠标也会拖慢工作速度，所以一定要用键盘的箭头键来选择颜色。

改变背景色

$$\boxed{\text{Alt}} \rightarrow \boxed{\text{H}} \rightarrow \boxed{\text{H}}$$

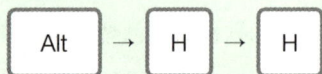

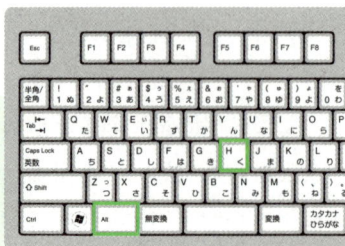

顺序图 改变背景色

（1）按快捷键"Shift"+"→"选中想要改变背景色的单元格，再依次按
"Alt"→"H"→"H"。

2	收益计划				
3			第1年	第2年	第3年
4	销售额	日元	1,000,000	1,100,000	1,155,000
5	销售数量	个	1,000	1,100	1,155
6	增长率	%		10.0%	5.0%
7	价格	日元	1,000	1,000	1,000
8	成本	日元	400,000	430,000	446,500
9	材料费	日元	300,000	330,000	346,500

（2）用箭头键在调色盘中选择想要的颜色，再按"Enter"键就OK了。

2	收益计划				
3			第1年	第2年	第3年
4	销售额		00,000	1,100,000	1,155,000
5	销售数量		1,000	1,100	1,155
6	增长率			10.0%	5.0%
7	价格	日元	1,000	1,000	1,000
8	成本	日元	400,000	430,000	446,500
9	材料费	日元	300,000	330,000	346,500

Step 2　改变数字颜色

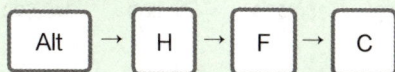

为什么要改变表格中数字的颜色？目的是让计算逻辑更清晰。

在制作Excel资料的过程中，我们经常会遇到改变数字进行模拟计算的情况。在这种情况下，我们手动输入的数字（蓝色）是可以改变的，但公式的数字或参考其他工作表的数字，是不能随意改变的。所以，在表格中，**不同种类的数字使用不同颜色显示，可以让我们一眼看出哪些数字可以改变**。

另外，容易引起计算错误的一个典型例子就是"在公式中混有手动输入的数字"。所以，把数字的颜色彻底分开，可以有效防止不同种类数字混合在一起所造成的错误。

改变数字颜色的快捷键是，在选择相应单元格的状态下依次按"Alt"→"H"→"F"→"C"弹出调色盘，用箭头键选择想要的颜色，再按"Enter"键就OK了。

图2-16　数字颜色的3个种类（重要！）

	（例）	（数字的颜色）
（1）手动输入的数字	= 40 = 314.2 + 50 + 3	蓝
（2）公式的数字	= A1 + B3	黑
（3）参照其他工作表的数字	= Sheet3!A1	绿
（4）输入数字和公式数字混在一起	= 40 + B3	✕ 不允许！

重要的快捷键

改变数字颜色

Alt → H → F → C

改变数字颜色

（1）按快捷键"Shift"+"→"选中想要改变数字颜色的单元格，再依次按
"Alt"→"H"→"F"→"C"。

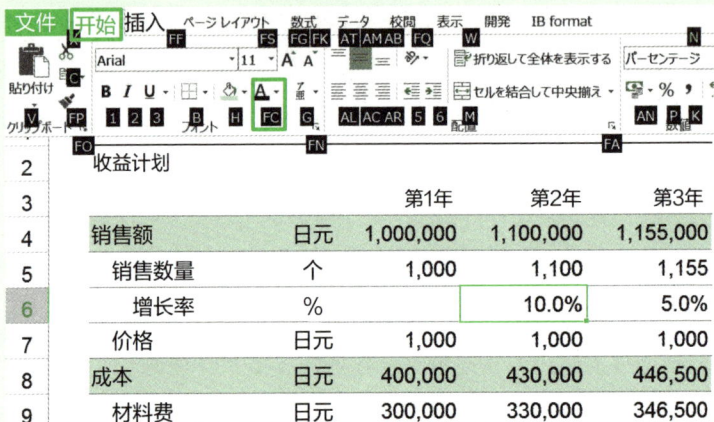

文件	开始	插入	ページ レイアウト	数式	データ	校閲	表示	開発	IB format

	第1年	第2年	第3年
2 收益计划			
3	第1年	第2年	第3年
4 销售额 日元	1,000,000	1,100,000	1,155,000
5 销售数量 个	1,000	1,100	1,155
6 增长率 %		10.0%	5.0%
7 价格 日元	1,000	1,000	1,000
8 成本 日元	400,000	430,000	446,500
9 材料费 日元	300,000	330,000	346,500

（2）用箭头键在调色盘中选择想要的颜色，再按"Enter"键就OK了。

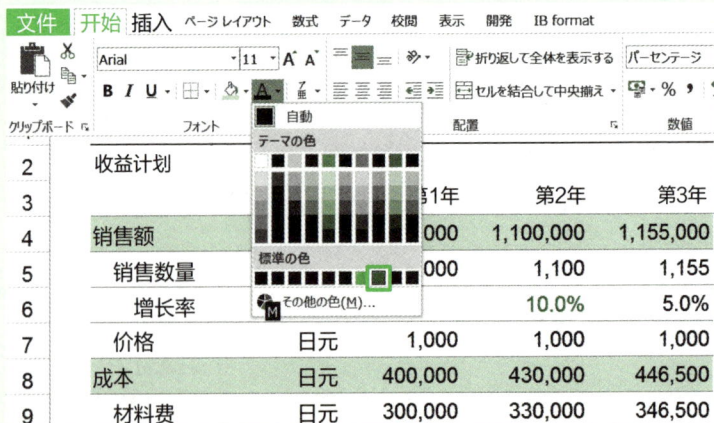

文件	开始	插入	ページ レイアウト	数式	データ	校閲	表示	開発	IB format

自動
テーマの色
標準の色
その他の色(M)…

	第1年	第2年	第3年
2 收益计划			
3	第1年	第2年	第3年
4 销售额	000	1,100,000	1,155,000
5 销售数量	000	1,100	1,155
6 增长率		10.0%	5.0%
7 价格 日元	1,000	1,000	1,000
8 成本 日元	400,000	430,000	446,500
9 材料费 日元	300,000	330,000	346,500

⟩⟩⟩ 重复相同操作请按 "F4"

在改变表格背景色或数字颜色的时候，我们可能会多次重复相同的操作。

这个时候，即使我们使用快捷键，也比较费时间。举例来说，要改变多个单元格中的数字颜色时，如果每个单元格都要依次按一回"Alt"→"H"→"F"→"C"来弹出调色盘的话，那么有多少个单元格就得按多少次。如果是大型表格的话，恐怕要花很长时间才能把颜色改完。

遇到这种情况的时候，我们可以使用"F4"键。只要按下"F4"键，就可以自动重复最近一次的操作。

举例来说，我想把输入的数字变成蓝色，我只需对一个单元格实施"Alt"→"H"→"F"→"C"弹出调色盘，将数字改成蓝色，以后的单元格我都可以通过"F4"键重复这一系列操作。

当然，"F4"键不仅可以在改变颜色时使用，它可以重复其他任何操作，遇到重复操作的时候，大家一定要想起"F4"键。

在投资银行业界，关于Excel资料中数字颜色的设置规则，基本上是共通的。但关于背景色的设置规则，可就仁者见仁智者见智了。尤其是标题区域的背景色，有的投资银行会用很深的颜色做背景色，但把文字改成白色，形成反差。

	A B C	D	E	F	G	H
1						
2	收益计划					
3				第1年	第2年	第3年
4	销售额		日元	1,000,000	1,100,000	1,155,000
5	销售数量		个	1,000	1,100	1,155
6	增长率		%		10.0%	5.0%
7	价格		日元	1,000	1,000	1,000

08 使用"古老的"快捷键插入行、列

Excel表格大框架制作完成，并不代表所有工作就全部完成了。之后还要进行大量的修正工作。占修正工作较大比例的是插入新行、新列，以及删除多余的行、列。虽然这些操作比较简单，但因为数量较多，所以还是要记住相关快捷键，才能最大限度提高工作效率。

通常情况下，我们可以通过快捷键"Ctrl"+"Shift"+"+"来弹出"插入"的窗口，然后在其中选择"整行（R）"或"整列（C）"，再点"确定"就OK了。

这种方法当然可行，但我还有更简单的方法，只需按3个键，这种方法是我的"绝招"。插入行只需依次按"Alt"→"I"→"R"，插入列只需依次按"Alt"→"I"→"C"即可。"I"是"Insert（插入）"的首字母，"R"是"Row（行）"的首字母，"C"是"Column（列）"的首字母。

为什么我称之为"绝招"呢？因为这是Excel 2003版的快捷键。Excel从2007版开始，变更了很大一部分快捷键，但2003版的一部分快捷键还是可以用的。

制作表格的时候，大多数情况下使用Excel 2007以后的版本都可以，但其中也有一些操作还是使用2003版"古老的"快捷键更快一点。插入行、列就是典型的例子。

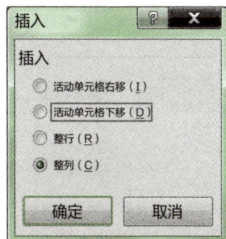

213

插入行

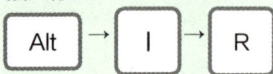

插入列

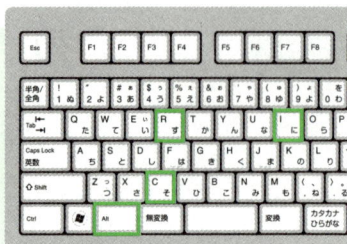

顺序图 插入行

（1）在想插入行的地方选择适当的单元格，依次按"Alt"→"I"→"R"。

	A BC	D	E	F	G	H
1						
2	收益计划					
3				第1年	第2年	第3年
4	销售额		日元	1,000,000	1,100,000	1,155,000
5	销售数量		个	1,000	1,100	1,155
6	增长率		%		10.0%	5.0%
7	价格		日元	1,000	1,000	1,000
8	成本		日元	400,000	430,000	446,500
9	材料费		日元	300,000	330,000	346,500
10	单个商品的平均材料费		日元	300	300	300
11	租金		日元	100,000	100,000	100,000
12	利润		日元	600,000	670,000	708,500

（2）在选定的单元格上方就插入了新的一行。

	A BC	D	E	F	G	H
1						
2	收益计划					
3				第1年	第2年	第3年
4	销售额		日元	1,000,000	1,100,000	1,155,000
5	销售数量		个	1,000	1,100	1,155
6	增长率		%		10.0%	5.0%
7						
8	价格		日元	1,000	1,000	1,000
9	成本		日元	400,000	430,000	446,500
10	材料费		日元	300,000	330,000	346,500
11	单个商品的平均材料费		日元	300	300	300
12	租金		日元	100,000	100,000	100,000
13	利润		日元	600,000	670,000	708,500

插入列

（1）在想插入列的地方选择适当的单元格，依次按快捷键"Alt"→"I"→ "C"。

				第1年	第2年	第3年	
1							
2	收益计划						
3				第1年	第2年	第3年	
4	销售额		日元	1,000,000	1,100,000	1,155,000	
5	销售数量		个	1,000	1,100	1,155	
6	增长率		%		10.0%	5.0%	
7	价格		日元	1,000	1,000	1,000	
8	成本		日元	400,000	430,000	446,500	
9	材料费		日元	300,000	330,000	346,500	
10	单个商品的平均材料费	日元		300	300	300	
11	租金		日元	100,000	100,000	100,000	
12	利润		日元	600,000	670,000	708,500	

（2）在选定的单元格左侧就插入了新的一列。

				第1年		第2年	第3年
1							
2	收益计划						
3				第1年		第2年	第3年
4	销售额		日元	1,000,000		1,100,000	1,155,000
5	销售数量		个	1,000		1,100	1,155
6	增长率		%			10.0%	5.0%
7	价格		日元	1,000		1,000	1,000
8	成本		日元	400,000		430,000	446,500
9	材料费		日元	300,000		330,000	346,500
10	单个商品的平均材料费	日元		300		300	300
11	租金		日元	100,000		100,000	100,000
12	利润		日元	600,000		670,000	708,500

09

删除行、列

在用Excel软件制作表格的过程中，一般情况都是不断添加行或列，表格会越来越大。但是，如果在这个过程中不注意删除不必要的行或列，就会让表格显得臃肿、不易读，导致工作效率低下，还容易出现计算错误。现在我们学习使用快捷键快速删除行或列。

在插入行或列的时候，我们只要选定适当位置的某个单元格即可，但在删除的时候，则要全选整个想要删除的行或列，然后再删除。也就是说，删除需要两个步骤。

全选整行的时候，首先要选中该行的某个单元格，然后按快捷键"Shift"+"Space"；全选整列的时候，首先要选中该列的某个单元格，然后同时按快捷键"Ctrl"+"Space"。大家一定要牢记，行用"Shift"键，列用"Ctrl"键，不要混淆。全选行或列之后，再按快捷键"Ctrl"+"-"，即可完成删除操作。

总结下来，删除的顺序如下：

■ 删除行　　（1）全选整行　　　"Shift"+"Space"

　　　　　　（2）删除　　　　　"Ctrl"+"-"

■ 删除列　　（1）全选整列　　　"Ctrl"+"Space"

　　　　　　（2）删除　　　　　"Ctrl"+"-"

重要的快捷键

删除行或列

Ctrl + −

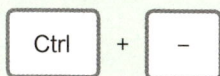

》》》 当不能全选整行的时候

前面讲过，全选整行要用快捷键"Shift"+"Space"，但有些情况下，使用这组快捷键也无法全选整行。

这是因为在日语输入状态下，同时按"Shift"+"Space"，被设定为"输入空白"。使用IME日语输入法的朋友，可以按照以下顺序改变设定。[①]

图2-17 "Shift"+"Space"被设定为"输入空白"

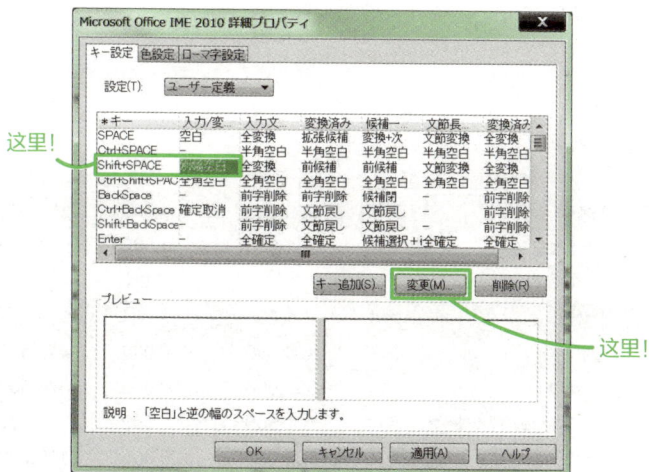

----

① 此操作针对日版Excel。

（1）按快捷键"Shift"+"Space"全选想要删除的行。

	A	BC		D		E	F	G	H
1									
2		收益计划							
3							第1年	第2年	第3年
4		销售额				日元	1,000,000	1,100,000	1,155,000
5		销售数量				个	1,000	1,100	1,155
6		增长率				%		10.0%	5.0%
7									
8		价格				日元	1,000	1,000	1,000
9		成本				日元	400,000	430,000	446,500
10		材料费				日元	300,000	330,000	346,500
11		单个商品的平均材料费				日元	300	300	300
12		租金				日元	100,000	100,000	100,000
13		利润				日元	600,000	670,000	708,500

（2）按快捷键"Ctrl"+"−"，删除整行。

	A	BC		D		E	F	G	H
1									
2		收益计划							
3							第1年	第2年	第3年
4		销售额				日元	1,000,000	1,100,000	1,155,000
5		销售数量				个	1,000	1,100	1,155
6		增长率				%		10.0%	5.0%
7		价格				日元	1,000	1,000	1,000
8		成本				日元	400,000	430,000	446,500
9		材料费				日元	300,000	330,000	346,500
10		单个商品的平均材料费				日元	300	300	300
11		租金				日元	100,000	100,000	100,000
12		利润				日元	600,000	670,000	708,500

删除列

（1）按快捷键"Ctrl"+"Space"全选想要删除的列。

	A BC	D	E	F	G	H	I
1							
2	收益计划						
3				第1年		第2年	第3年
4	销售额		日元	1,000,000		1,100,000	1,155,000
5	销售数量		个	1,000		1,100	1,155
6	增长率		%			10.0%	5.0%
7	价格		日元	1,000		1,000	1,000
8	成本		日元	400,000		430,000	446,500
9	材料费		日元	300,000		330,000	346,500
10	单个商品的平均材料费		日元	300		300	300
11	租金		日元	100,000		100,000	100,000
12	利润		日元	600,000		670,000	708,500

（2）按快捷键"Ctrl"+"-"，删除整列。

	A BC	D	E	F	G	H	I
1							
2	收益计划						
3				第1年	第2年	第3年	
4	销售额		日元	1,000,000	1,100,000	1,155,000	
5	销售数量		个	1,000	1,100	1,155	
6	增长率		%		10.0%	5.0%	
7	价格		日元	1,000	1,000	1,000	
8	成本		日元	400,000	430,000	446,500	
9	材料费		日元	300,000	330,000	346,500	
10	单个商品的平均材料费		日元	300	300	300	
11	租金		日元	100,000	100,000	100,000	
12	利润		日元	600,000	670,000	708,500	

使用"Ctrl"键在单元格之间快速移动

在操作Excel软件的时候，移动活动单元格（活动单元格，active cell，即处于激活状态或使用状态的那个单元格）是非常频繁的操作。我们可以用箭头键或鼠标来移动活动单元格，但速度慢、效率低。

移动活动单元格的快捷键是"Ctrl"+"箭头"。在下一页的图2–18中，原本"1,155,000"的单元格处于激活状态，只要按下快捷键"Ctrl"+"↓"，就可以把活动单元格瞬间移动到表格同列最下方的"708,500"那个单元格。尤其是大型的表格，使用这组快捷键移动活动单元格，比使用鼠标或箭头键都要快。

另外，在第198页，我讲过"项目名称按照层级应该分别错开一列"。这样做的好处是可以清晰显示出层级关系，但其实还有另外一个好处，就是提高表内活动单元格的移动速度。

在图2–19中，项目名称按照层级分别向右错开了一列。在这种状态下，假设我们选定了"销售额"单元格，按下快捷键"Ctrl"+"↓"的话，活动单元格就会瞬间移动到"成本"所在的单元格。然后再依次按箭头键"↓"→"→"，活动单元格就来到了"材料费"。再同时按"Ctrl"+"↓"的话，又移动到了"租金"。像这样把移动过程用语言表达出来，可能看起来比较复杂烦琐，但实际操作起来，只用几秒就可以完成。

（1）同时按下"Ctrl"+"↓"，移动到"成本"；

（2）依次按下"↓"→"→"，移动到"材料费"；

（3）同时按下"Ctrl"+"↓"，移动到"租金"。

重要的快捷键

移动活动单元格

Ctrl

+ "箭头"

图2-18 按下快捷键"Ctrl"+"↓"，把活动单元格移动到表格同列的最下方

	A B C	D	E	F	G	H
1						
2	收益计划					
3				第1年	第2年	第3年
4	销售额		日元	1,000,000	1,100,000	1,155,000
5	销售数量		个	1,000	1,100	1,155
6	增长率		%		10.0%	5.0%
7	价格		日元	1,000	1,000	1,000
8	成本		日元	400,000	430,000	446,500
9	材料费		日元	300,000	330,000	346,500
10	单个商品的平均材料费		日元	300	300	300
11	租金		日元	100,000	100,000	100,000
12	利润		日元	600,000	670,000	708,500

图2-19 项目名称按层级错开一列，活动单元格移动更快速

	A B C	D	E	F	G	H
1						
2	收益计划					
3				第1年	第2年	第3年
4	销售额		日元	1,000,000	1,100,000	1,155,000
5	① 销售数量		个	1,000	1,100	1,155
6	增长率		%		10.0%	5.0%
7	价格		日元	1,000	1,000	1,000
8	② 成本		日元	400,000	430,000	446,500
9	材料费		日元	300,000	330,000	346,500
10	③ 单个商品的平均材料费		日元	300	300	300
11	租金		日元	100,000	100,000	100,000
12	利润		日元	600,000	670,000	708,500

利用"▼"符号从一个表格快速移到另一个表格

在Excel资料中，如果某一个工作表（Sheet）中的表格需要参考的公式在另一个工作表中，那就非常麻烦了。因为要参考的时候，还要打开另一个工作表。因此，我们应该尽量把多个表格制作在同一个工作表中。这样一来，就可以解决跨工作表的问题。但又会出现另一个问题，就是活动单元格需要在表格与表格之间移动，那么如何才能做到快速移动呢？这种情况下，我们使用"▼"符号实现活动单元格在表格之间的快速移动。

操作方法如图2-20所示。在各个表格的A列第一行，插入一个"▼"符号。然后，在选中"▼"符号的状态下，按快捷键"Ctrl"+"↓"，活动单元格就会瞬间移动到下一个表格的"▼"符号位置。

反过来，选择下面表格中的"▼"符号，按"Ctrl"+"↑"，活动单元格就可以瞬间移动到上一个表格的"▼"符号位置。在下面表格中的操作完成后，想要回到上面表格的时候，用这个快捷键就非常便利。

这个方法也可以用于表格内的移动。假设我现在手头有一份客户清单，里面有数百家客户公司的联系方式，但是，交易频繁的客户只有其中若干家。这种情况下，我可以像图2-21那样，在常用的客户信息左侧加一个"★"符号。这样，我通过"Ctrl"+"箭头"就可以快速从"★"符号条目移动到其他"★"符号条目。

移动活动单元格

Ctrl

+ "上下箭头"

图2-20 利用"▼"符号在表格之间快速移动

	A	B	C	D	E	F	G	H
1								
2	▼	A项目的收益计划						
3						第1年	第2年	第3年
4		销售额		日元		300,000	400,000	500,000
5		销售数量		个		300	400	500
6		价格		日元		1,000	1,000	1,000
7		成本		日元		190,000	220,000	250,000
8		材料费		日元		90,000	120,000	150,000
9		租金		日元		100,000	100,000	100,000
10		利润		日元		110,000	180,000	250,000
11								
12								
13	▼	B项目的收益计划						
14						第1年	第2年	第3年
15		销售额		日元		320,000	400,000	440,000
16		销售数量		个		400	500	550
17		价格		日元		800	800	800
18		成本		日元		176,000	200,000	212,000
19		材料费		日元		96,000	120,000	132,000

图2-21 可用"★"符号提高表格内移动速度

	A	B	C	D
1				
2		客户清单		
3				
4	重要	公司名称	电话号码	
5		A公司	03-1234-xxxx	
6	★	B公司	03-1234-xxxx	
7		C公司	03-1234-xxxx	
8		D公司	03-1234-xxxx	
9	★	E公司	03-1234-xxxx	
10		F公司	03-1234-xxxx	

223

12 在工作表之间瞬间移动

使用Excel软件制作资料的时候，常会遇到从一个工作表移动到另一个工作表的情况。让我们抛开鼠标，学会使用快捷键在工作表之间瞬间移动。想要移动到右侧的工作表时，可以按快捷键"Ctrl"+"PageDown"，想要向左侧工作表移动的时候，使用快捷键"Ctrl"+"PageUp"。

→向右侧工作表移动　"Ctrl"+"PageDown"

销售额_A项目	销售额_B项目	销售额_合计	固定成本	利润

←向左侧工作表移动　"Ctrl"+"PageUp"

使用Excel软件制作的资料，随着制作进程的推进，一个Excel文件中，会不断增加新的工作表。在众多的工作表标签中找到自己想要打开的那页工作表，还是挺费时间的。

这时，我们可以使用颜色为工作表标签进行分类，比如下面的形式：

销售额_A项目	销售额_B项目	销售额_合计	固定成本	利润

跟销售额有关的工作表标签，背景色使用了浅蓝色。这样一来，即使工作表数量更多，我们也能掌握哪些内容的工作表在什么位置。

改变工作表标签的颜色，可以用鼠标右键点击标签，在弹出的菜单中有一项是"工作表标签颜色"，在其中就可以改变标签颜色。

》》》 为工作表取名时多动脑筋，提高工作表标签的概览性

为了提高工作表标签的概览性，在为工作表取名时我们应该多动脑筋。Excel界面的宽度是有限的，如果工作表比较多，而工作表名称又较长的话，那么后面很多工作表标签就会被隐藏起来。

为了让Excel资料的计算流程更加清晰易懂，每个工作表更容易搜索到，我们有必要提高工作表标签的概览性。为此，工作表标签应该尽量短小精干。

精简工作表标签的要点在于，尽量用汉字，而且字数要少，概括性强。举例来说，**"销售额"如果用英语的话是"Revenue"，可见，汉字要短一些，而且与英语相比，更利于读者理解**。缩短了每个工作表的标签之后，就可以显示更多的工作表标签，从而提高了工作表标签的概览性。

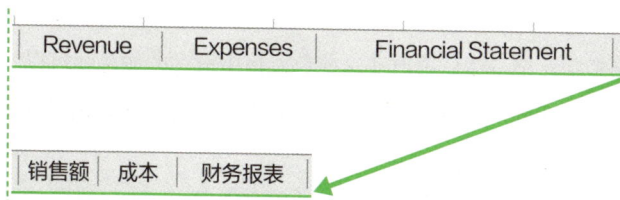

| Revenue | Expenses | Financial Statement |

| 销售额 | 成本 | 财务报表 |

重要的快捷键

向右侧工作表移动　　　　　向左侧工作表移动

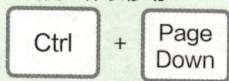

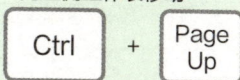

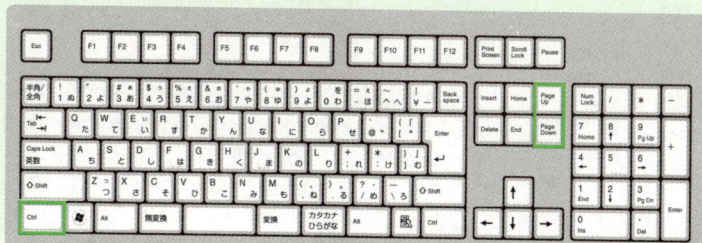

Ctrl ＋ Page Down　　　Ctrl ＋ Page Up

13

选择多个单元格

在使用Excel软件制作资料的时候，常会遇到对多个单元格实施相同操作的情况。

举例来说，在图2-22中，第7行"价格"，全是输入的数据。数字的颜色应该都改成蓝色。

这个时候，我们可以先选择F7的单元格，然后按快捷键"Shift"+"→"4次，就可以选择F7到J7的5个单元格，但这种方法步骤多，速度不够快。我再教您一个更快的方法，先选择F7的单元格，然后按快捷键"Shift"+"Ctrl"+"→"，只需按1次，就可以选择F7到J7的5个单元格。然后再改变这些单元格中数字的颜色就可以了。

像图2-22这样的例子，单元格中有数字，操作还比较简单。如果单元格是空白的，那就有点麻烦了。

图2-22 **使用快捷键"Shift"+"Ctrl"+"→"批量选择单元格**

	A B C	D	E	第1年	第2年	第3年	第4年	第5年
2	收益计划							
4	销售额	日元		1,000,000	1,100,000	1,155,000	1,213,000	1,273,000
5	销售数量	个		1,000	1,100	1,155	1,213	1,273
6	增长率	%			10.0%	5.0%	5.0%	5.0%
7	价格	日元		1,000	1,000	1,000	1,000	1,000
8	成本	日元		500,000	630,000	746,500	763,825	782,016
9	材料费	日元		300,000	330,000	346,500	363,825	382,016
10	单个商品的平均材料费	日元		300	300	300	300	300

我们再来看图2-23的例子，在第1年销售额的单元格中，插入了计算公式"价格×销售数量"。我们要把这个公式一直复制到后面的单元格中，直到第5年的销售额。这种情况下，常规的操作是复制第1年的公式后，再按4次右箭头，将公式分别粘贴到后面的4个单元格中。如果仅仅是重复4次操作，还可以接受，但如果要表示20年的销售额呢？难道真要重复操作19次？那就太麻烦了。但是，在这种情况下使用"Shift"+"Ctrl"+"→"也有问题，因为第1年销售额右侧的单元格全是空白的，如果按下"Shift"+"Ctrl"+"→"的话，就会选中右侧的所有单元格，直到这页工作表的最右端。

这个时候，我们可以像图2-24那样，在希望停止的最后一列的右侧一列中输入"end"。

在这种状态下再按快捷键"Shift"+"Ctrl"+"→"的话，选择的范围就会止于"end"那一列。这时再按一次"Shift"+"←"，选择范围就只到第5年那一列。于是，就完成了从第1年到第5年销售额单元格的选择。

重要的快捷键

选择多个单元格

Shift + Ctrl + "箭头"

图2-23 想把第1年的公式复制粘贴到后面4个单元格中，因为第1年后面的单元格都是空白的，所以按"Shift"+"Ctrl"+"→"的话，就会一直选择到本页工作表最右端的列

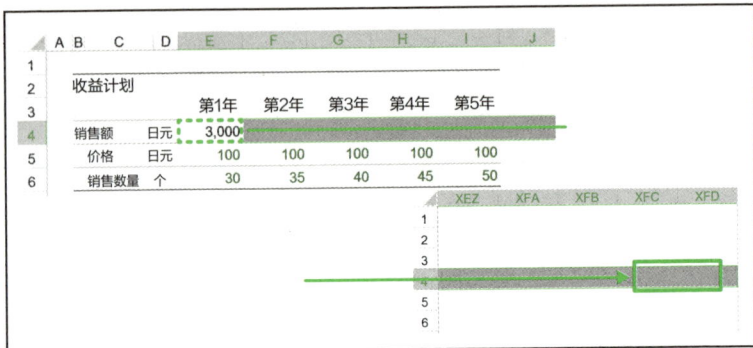

图2-24 在希望停止的最后一列的右侧一列中输入"end"，给选择单元格加一个"制动器"

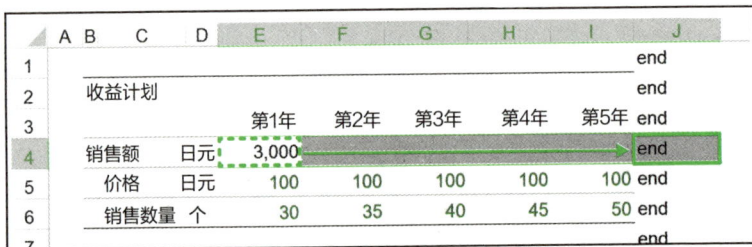

228

14

将复制粘贴用到极致

复制和粘贴，是Excel软件中最为常用的功能。复制粘贴用好了的话，可以极大提高Excel的操作速度。

其实复制粘贴也分很多种，比如：**（1）数值的复制粘贴；（2）公式的复制粘贴；（3）格式的复制粘贴**。

〉〉〉 保持原有格式，只复制粘贴数字

请看图2-25，我们想把左上方A处的数字复制粘贴到B。很多朋友的操作是像C那样，把框线也一并粘贴了过来。然后还得删除多余的框线，费时费力。**这种情况下，我们可以使用"数值的复制粘贴"，像D那样只把数字复制粘贴过来**。

数值的复制粘贴，操作顺序是，首先选择想要复制的内容，然后按"Ctrl"＋"C"。接下来选择想要复制到的单元格，再依次按快捷键"Alt"→"H"→"V"→"S"。最后就会弹出如图2-26的"选择性粘贴"的窗口。在该窗口中按"V"选择"数值"，再点"确定"（可以通过"Enter"键实现）就可以了。另外，也可以用"Alt"→"E"→"S"打开"选择性粘贴"窗口。这是Excel 2003版的快捷键，在2007以后的版本中也能使用。我习惯用老版本的快捷键。再有，使用"Ctrl"＋"Alt"＋"V"也可以，但是，需要左手同时按3个键，有点难度。

用刚才的快捷键打开"选择性粘贴"的窗口，按"F"键选择"公式"，就只粘贴公式。按"T"键选择"格式"，则只粘贴格式。

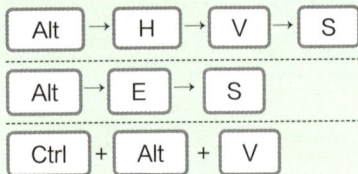

| Alt | → | H | → | V | → | S |

| Alt | → | E | → | S |

| Ctrl | + | Alt | + | V |

图2-25　只想复制粘贴数字的话……

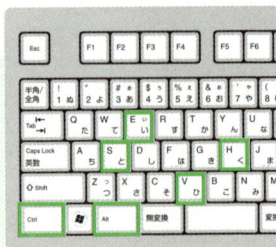

图2-26　复制粘贴竟有这么多种类

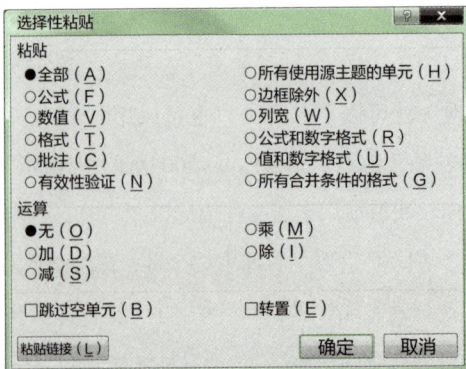

选择性粘贴

粘贴
- ●全部（A）
- ○公式（F）
- ○数值（V）
- ○格式（T）
- ○批注（C）
- ○有效性验证（N）

- ○所有使用源主题的单元（H）
- ○边框除外（X）
- ○列宽（W）
- ○公式和数字格式（R）
- ○值和数字格式（U）
- ○所有合并条件的格式（G）

运算
- ●无（O）
- ○加（D）
- ○减（S）

- ○乘（M）
- ○除（I）

□跳过空单元（B）　　□转置（E）

粘贴链接（L）　　　　确定　　取消

数值的复制粘贴

（1）选择想要复制内容所在的单元格，按快捷键"Ctrl"+"C"。再选择目标单元格，依次按"Alt"→"E"→"S"打开"选择性粘贴"窗口。按"V"选择"数值"，再点击"确定"（可以通过"Enter"键实现）就OK了。

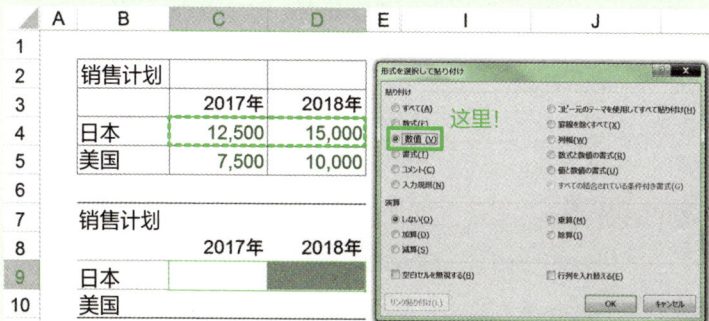

（2）不改变格式，只有数字粘贴到了目标单元格中。

顺序图　**公式的复制粘贴**

（1）选择想要复制公式的单元格，按快捷键"Ctrl"+"C"。再选择目标
单元格，依次按"Alt"→"E"→"S"打开"选择性粘贴"窗口。按
"F"选择"公式"，再点击"确定"（可以通过"Enter"键实现）就
OK了。

	A	B	C	D	E	F
1						
2		销售计划				
3			2017年	2018年	合计	
4		日本	12,500	15,000	27,500	=C4+D4
5		美国	8,000	9,000		
6						

形式を選択して貼り付け

貼り付け
- すべて(A)
- 公式(F)　这里!
- 値(V)
- 書式(T)
- コメント(C)
- 入力規則(N)
- コピー元のテーマを使用してすべて貼り付け(H)
- 罫線を除くすべて(X)
- 列幅(W)
- 数式と数値の書式(R)
- 値と数値の書式(U)
- すべての結合されている条件付き書式(G)

（2）不改变格式，只有公式粘贴到了目标单元格中。

	A	B	C	D	E	F
1						
2		销售计划				
3			2017年	2018年	合计	
4		日本	12,500	15,000	27,500	=C4+D4
5		美国	8,000	9,000	17,000	

将上图格式复制粘贴到下图。

	A	B	C	D	E
1					
2		A项目的销售计划			
3			2017年	2018年	合计
4		日本	12,500	15,000	27,500
5		美国	8,000	9,000	17,000
6					
7		B项目的销售计划			
8			2017年	2018年	合计
9		日本	7,500	9,000	16,500
10		美国	4,500	5,000	9,500

（1）选择想要复制格式的范围，按快捷键"Ctrl"+"C"。再选择目标单元格，依次按"Alt"→"E"→"S"打开"选择性粘贴"窗口。按"T"选择"格式"，再点击"确定"（可以通过"Enter"键实现）就OK了。

	A	B	C	D	E	F
1						
2		A项目的销售计划				
3			2017年	2018年	合计	
4		日本	12,500	15,000	27,500	
5		美国	8,000	9,000	17,000	
6						
7		B项目的销售计划				
8			2017年	2018年	合计	
9		日本	7,500	9,000	16,500	
10		美国	4,500	5,000	9,500	
11						
12						
13						

形式を選択して貼り付け

貼り付け
- すべて(A)
- 数式(F)
- 値(V)
- ● 格式(T)　这里!
- コメント(C)
- 入力規則(N)

演算
- ● しない(O)
- 加算(D)
- 減算(S)

□ 空白セルを無視する(B)

リンク貼り付け(L)

（2）不改变数字，只有格式粘贴到了目标单元格中。

	A	B	C	D	E
1					
2		A项目的销售计划			
3			2017年	2018年	合计
4		日本	12,500	15,000	27,500
5		美国	8,000	9,000	17,000
6					
7		B项目的销售计划			
8			2017年	2018年	合计
9		日本	7,500	9,000	16,500
10		美国	4,500	5,000	9,500

专栏 还有很多种类的"复制粘贴"

　　这次我为大家介绍了3种复制粘贴的快捷操作方法，分别是：（1）数值的复制粘贴；（2）公式的复制粘贴；（3）格式的复制粘贴。这3种复制粘贴非常常用，所以请大家一定要熟练掌握快捷操作方法。但实际上，还有其他很多种类的复制粘贴。比如，把纵向排列的数据粘贴成横向排列的数据，就要用到"转置"。再比如，如下图所示，想把单位"日元"变成"千日元"的时候，可以用"运算粘贴"（除法）。

	A	B	C	D	E
1					
2		各地区的销售额			
3		日元	2017年	2018年	2019年
4		东京都	6,000,000	7,000,000	8,000,000
5		大阪府	4,000,000	4,500,000	5,250,000
6					
7		各地区的销售额			
8		千日元	2017年	2018年	2019年
9		东京都	6,000	7,000	8,000
10		大阪府	4,000	4,500	5,250

使用"运算粘贴"一次性搞定！

15

使用"数值粘贴"功能，防止链接其他文件出现错误

我们在制作Excel资料的时候，常会从其他各个部门收集数据，将这些数据整合到一份Excel文件中。举例来说，我们在制作项目计划资料的时候，首先要让市场部、人事部等部门分别制作各自部门的计划，然后收集上来再进行整合，制成整体计划。

在整合各个团队制作的资料时，最容易出现的问题就是直接链接了其他团队制作的Excel资料。请看下面的例子：

	A	B	C	D	E	F	G	H
1								
2	市场营销费用							
3				第1年	第2年	第3年		
4	网络广告	千日元		='N:\Marketing\[2017年计划.xlsx]网络广告'!B3				
5	电视广告	千日元		700	950	1,200		

在这个表格片段中，D4中的"N"表示链接"Marketing"文件夹中的《2017年计划》文件的《网络广告》工作表的B3单元格。

这种直接链接其他文件的方法，基本上是不可取的，理由如下：

（1）文件制作者变更文件名或改变保存位置的情况时有发生。而如果链接的文件变更文件名，或者文件保存位置发生变化，就无法链接了；

（2）链接源文件中的数字发生了变化，也无法察觉到。

在Part 1中我讲过，过去的文件应该集中放入"old"文件夹中存档。直接链接这些文件，若是新文件中链接单元格中的数字发生改

变，链接源文件中相应单元格的数字也会改变。这样一来，链接源文件中就会混有旧数字和新数字，变得非常混乱。

而链接源文件中的数字发生变化，链接新文件中的数字也会自动变化。这样一来，新文件中的数字什么时候改变、因什么理由改变，我们很难找到答案。

制作Excel资料的负责人，应该充分了解所有数字的背景。数字有可能中途发生变化，但负责人必须知道改变的理由。当被询问"这个数字为什么要改变"的时候，制作资料的负责人应该马上给出明确解答。但如果直接链接其他文件，那链接源文件数字的变化，就超出了负责人能够把控的范围。这是非常危险的状况。

》》》 引用其他文件中的数字时，要手动输入

为了防止上述问题的发生，我们在应用其他文件中的数字时，要：

（1）将其他文件中的数字手动复制粘贴过来；

（2）注明出处；

（3）注明更新时间。

举个例子，具体如下页图所示：

	A	B	C	D	E	F
1	更新日期：2017/10/22					
2						
3		市场营销费用				
4				第1年	第2年	第3年
5		网络广告	千日元	1,000	1,250	1,500
6		电视广告	千日元	700	950	1,200
7						
8		出处：				
9		N:\Marketing\2017年计划				

前面在讲数值的复制粘贴时，我们可以不考虑格式、公式，只把单元格中的数字复制粘贴过来。**在引用其他Excel文件中的数字时，也应使用数值的复制粘贴，只把数字粘贴过来即可。**

另外，要让读者知道这些数字是从哪个文件中引用的，所以还要注明数字的出处，要把文件名、文件所在文件夹写清楚。而且，什么时间复制粘贴的数据，即更新时间，也要注明。注明更新日期之后，如果引用的源数值发生了变化，也可以去找源数值的负责人进行询问，以查清变更的原因，从而最大限度地降低源数值发生变化给当前文件带来的影响。

》》》 查找链接其他文件的单元格的技巧

当我们打开一个Excel文件时，偶尔会弹出如下警告：

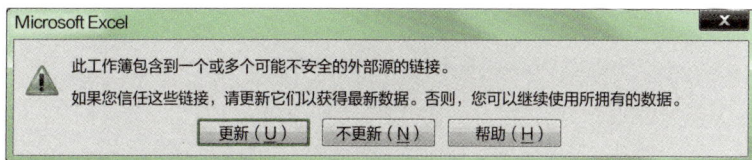

> **Microsoft Excel**
>
> ⚠ 此工作簿包含到一个或多个可能不安全的外部源的链接。
> 如果您信任这些链接，请更新它们以获得最新数据。否则，您可以继续使用所拥有的数据。
>
> 更新（U） 不更新（N） 帮助（H）

这说明该Excel文件中有一个或多个单元格链接了其他Excel文件。但是，要找到这些有链接的单元格还是要花点时间的。

这种时候，我们可以通过快捷键"Ctrl"＋"F"打开"查找"菜单，然后选择其中的"选项"，再进行如下操作：

（1）将查找"范围"由"工作表"改为"工作簿"；

（2）在"查找内容"中输入"xlsx"。

这样，就可以快速找到有链接的单元格了。

链接其他Excel文件的时候，链接源文件的后缀为"xlsx"，所以在"查找内容"中输入"xlsx"，一下子就可以找到。上述操作只是简便的查找方法，不过很好用。

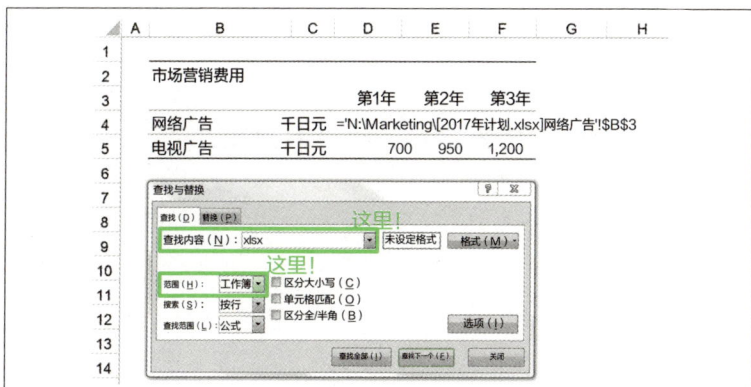

专栏　在投资银行做"这些事"，
绝对会受到严厉批评

很多情况下，一份Excel资料是由多人协作完成的。在投资银行中，像企业并购这样的大项目，一般会组成团队共同制作并购资料。在这个过程中，如果文件管理出现问题，很可能给项目造成巨大损失。

举例来说，假设A君下班时，把自己笔记本电脑中正在制作的文件保存了一下就回家了。凌晨两三点钟，还在熬夜加班的上司感觉资料数字有点不对劲，想要查看一下文件，可是在共享文件夹中却找不到那份文件。因为那份文件仅保存在A君笔记本电脑的桌面上。

A君的这种行为是绝对要遭到上司严厉批评的。上司在共享文件夹中找不到文件，凌晨把A君喊回公司也是有可能的。而且，A君也不敢发一句牢骚，毕竟是自己有错在先。

当然，不管文件制作到什么程度，都必须保存在团队的共享文件夹中。但在实际工作中，违反这项规定的情况还是屡有发生。站在A君的角度，保存在自己的电脑中是最方便的，所以容易偷懒。另外，也有些人害怕把尚未完成的资料给严厉的上司看，所以在完成之前都想保存在自己的电脑中。这种心情我可以理解，但这可能给工作进度带来很大的影响。所以，无论如何都要按规定把文件保存在共享文件夹中。

16

提高Excel页面的总览性，为操作提速

到目前为止，我为大家介绍的快捷键操作技巧，都是为了提高Excel的操作速度，哪怕少按一次键，也能节省一点时间。其中，使用"Ctrl"键提高活动单元格的移动速度，就是非常重要且常用的技巧。

为了提高Excel的操作速度，提高活动单元格的移动速度固然重要，不过，**"尽量减少移动活动单元格的次数"**同样重要。其中的道理非常简单，减少移动活动单元格的次数，自然可以节省时间、提高操作速度。

一提到提高Excel的操作速度，我们都容易把关注点聚焦在如何使用快捷键提高速度上，却容易忽视减少移动活动单元格次数的重要性。

那么，怎么做才能减少移动活动单元格的次数呢？重要的是将页面显示的信息量最大化，提高Excel页面的总览性。我们可以**通过全屏显示或最小化功能区的方法提高Excel页面的总览性，这样就可以减少移动活动单元格的次数，从而节省时间、提高操作速度**。

在Excel资料中，大型的表格可能有数百行、数百列。电脑的屏幕常常不能将整个表格显示完整。

为了看到屏幕显示不到的部分，我们不得不连续使用箭头键移动页面，尽量减少移动页面的时间，不就可以提高操作速度了吗？

图2-27 **为了提高Excel的操作速度**

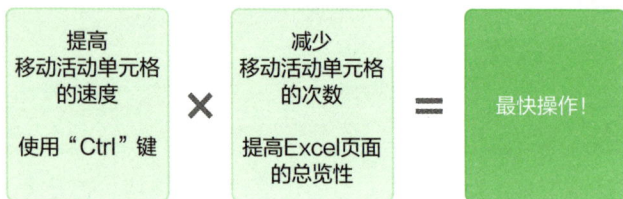

》》》 根据读者的立场，调整信息量

制作Excel资料的时候，一定要根据读者的立场来调整信息量。

在Part 1中我就讲过，目标读者不同，资料内容也应有所不同。一线销售负责人和总经理相比，要看的数字当然不一样。而且，从提高读者阅读效率这一点来说，除了读者需要的内容，一概不要放在资料中。这是制作资料最基本的规则。

当Excel资料接近完成，下一步就准备给读者看了，这时一定要再反复思考一下读者到底想看什么内容。根据读者的需要，把信息量控制在最小范围内。通过"分级显示"等功能，为不同读者呈现最为合适的信息量。

接下来，我就要为大家介绍将页面中显示的信息量最大化以及根据读者调整信息量的方法。

专栏　快捷键还能暴露年龄？

　　Excel软件中的快捷键，一旦记住了，就会用很长时间，是提高工作效率的重要武器。Excel软件从2007版开始，修改了很多快捷键的用法，但之前的快捷键（Excel 2003版的快捷键）依然能用。当初已经习惯了Excel 2003版快捷键的那一代人，很多至今依然习惯使用旧版的快捷键。所以，只要看看一个人使用的快捷键，就能大体推算出他开始工作的时间，也就能估算出他的年龄。推算年龄什么的，只是个题外话，我的意思是想告诉大家，尽早掌握快捷键的用法，让它们成为您高效工作的左膀右臂。

17 将页面显示的信息量最大化

Step 1　全屏显示Excel文件

Step 2　最小化功能区

Step 3　调整Windows系统字体大小

Step 4　缩小表格

Step 5　冻结窗格

我们在追求高速操作Excel软件制作资料的时候，容易忽视一点，那就是将页面显示的信息量最大化。这一点非常重要，而且很容易实现。最大化页面的显示的信息量的目的是提高页面的总览性，减少移动活动单元格的次数。

接下来我将为您介绍一系列的方法来最大化页面显示的信息量。其中，全屏显示和最小化功能区，就可以**让页面显示的单元格数量大幅增加**。下一页的两幅图是调整前后的效果对比，差别非常明显。调整后，下个页面中显示的行、列都增加了很多，显示的信息量也就增大了。

下面我会按顺序为您讲解Step 1至Step 5的具体操作方法，您用了一次之后，肯定会爱上这些方法。因为您会发现，使用之后，后面的操作就轻松多了。

不过，这一系列操作有一个假想前提，就是"一个人对着电脑屏幕操作Excel软件的时候"，其中某些步骤不适用于其他场景。比如开会时把资料投影出来向同事进行讲解的时候，如果Windows字号太小的话，同事就不容易看清。这时，就需要把字号调大。

没有全屏显示，浪费屏幕空间，还有很多不必要的信息，显示的有效信息量非常少

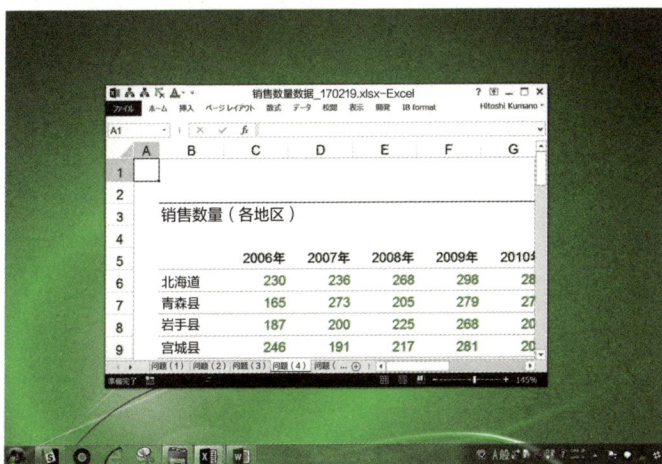

不浪费任何空间，不显示多余信息，调小字号，让一次性进入眼帘的信息量大增

Step 1　全屏显示Excel文件

　　有的时候，当我们打开一个Excel文件，文件窗口会处在显示器中央，四周是电脑桌面。因为文件没有最大化，周边空出了很多空间，Excel文件里显示的信息非常少。

　　遇到这种情况的时候，我们先要将Excel窗口最大化。同时按快捷键"Alt"＋"Space"，就会弹出显示菜单。这个菜单中有一项"最大化（X）"，选择最大化，就可以全屏显示Excel文件了。"Alt"＋"Space"→"X"，就是"最大化"操作，以全屏显示软件窗口。

重要的快捷键

全屏显示

| Alt | ＋ | Space | → | X |

※先同时按"Alt"和"Space"，然后再按"X"。

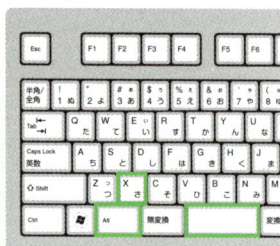

顺序图　全屏显示

（1）打开一个Excel文件，文件窗口不是最大化状态，周围是电脑桌面。

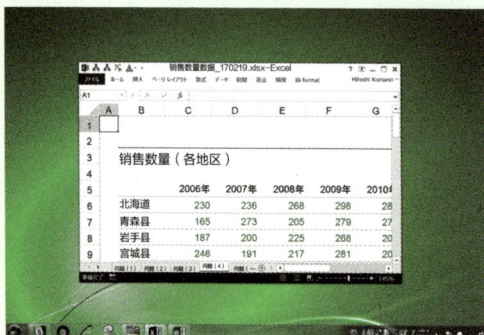

（2）同时按"Alt"+"Space"弹出显示菜单，再按"X"

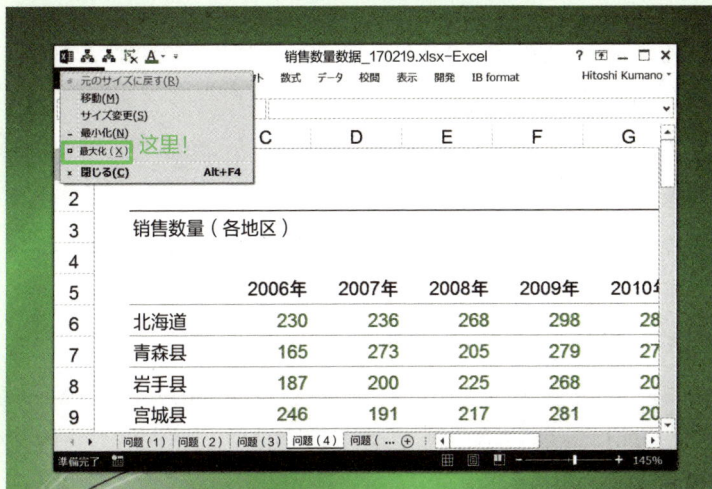

（3）Excel窗口变成全屏显示。

Step 2　最小化功能区

打开一个Excel文件，我们看到带有一大排功能按钮的"功能区"醒目地"矗立"在页面最上方。

其实，我们没有必要让功能区一直"矗立"在那里，可以把它隐藏起来，需要的时候按一下"Alt"键，它就显示出来了。**功能区非常占面积，所以我们平时应该将其最小化，把更多的面积留给操作区**。

用鼠标右键单击功能区的任意位置，在弹出的菜单中就有"折叠功能区（N）"的选项。将功能区最小化之后，表格的面积就增加了。只要设置一次"折叠功能区"，以后再打开任何Excel文件，都不会显示功能区了，可谓一劳永逸，大家赶快把自己Excel的功能区隐藏起来吧！要想以后都显示功能区，在鼠标右键弹出的菜单，取消"折叠功能区"的勾选就行了。

顺序图　**最小化功能区**

（1）功能区占很大面积，压缩了表格的显示面积。

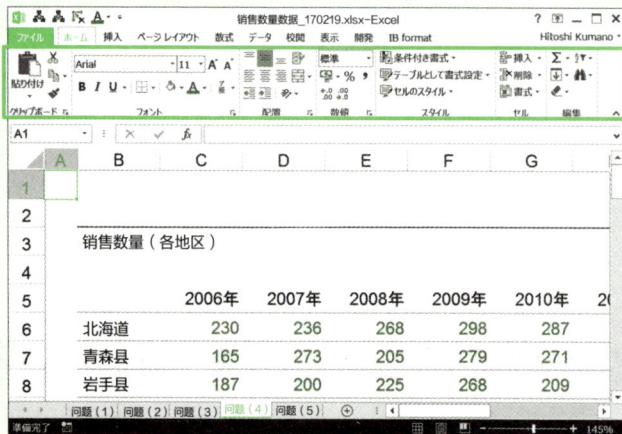

（2）用鼠标右键单击功能区内的任意位置，在弹出的菜单中有"折叠功能区（N）"的选项，勾选这个选项，即可隐藏功能区。

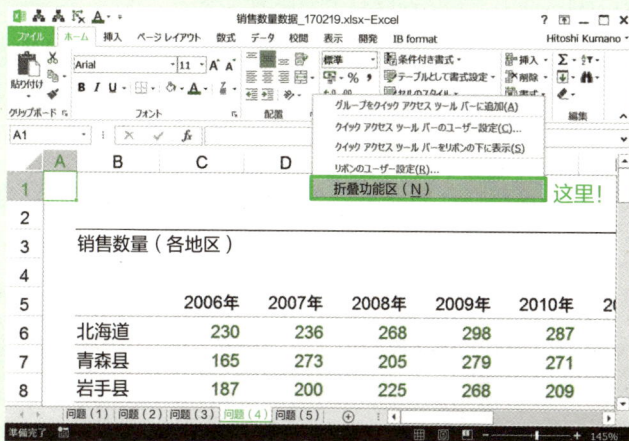

（3）功能区折叠起来之后，表格的面积就增加了很多。

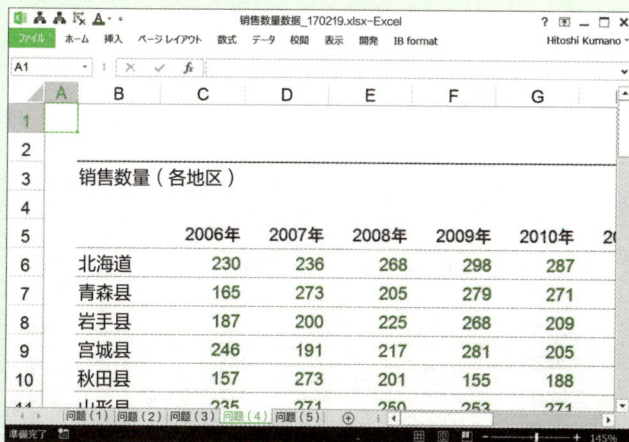

Step 3　调整Windows系统字体大小

在Excel软件中，无法修改以下字体的大小：

（1）表示行的数字，表示列的字母；

（2）工作表标签；

（3）功能区功能按钮的名称。

要想修改这些字体的大小，只有调整Windows系统自身的字体大小。

具体方法是在"控制面板"中打开"显示"，将字体大小调整为"较小–100%"即可。把字体调小之后，Excel表格可以多显示2～3行。

顺序图　调整Windows系统字体大小

（1）功能按钮名称、工作表标签字体较大的话，表格显示的内容就少了。

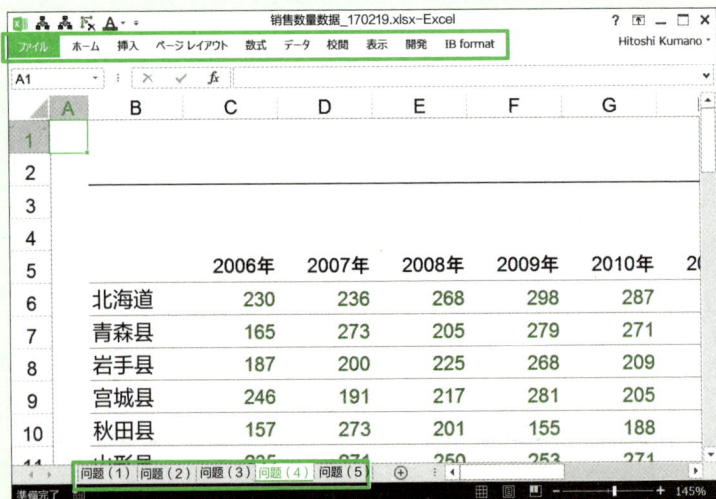

（2）在"控制面板"中打开"显示"，将文字大小调整为"较小-100%"
即可。

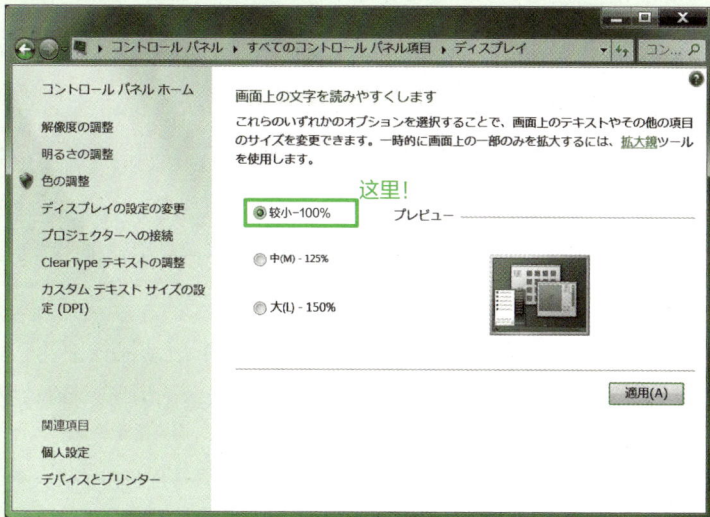

（3）功能按钮名称、工作表标签字体变小，表格显示的内容增加了。

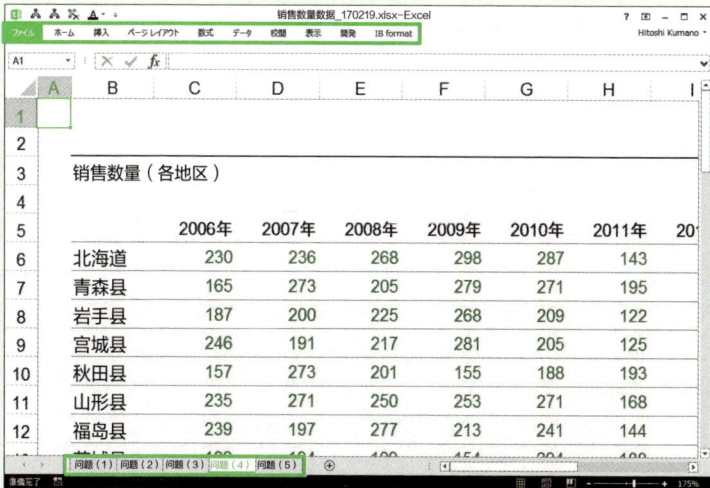

Step 4　缩小表格

　　全屏显示Excel页面、最小化功能区、调小Windows系统字体，经过这3项操作之后，电脑屏幕上显示的表格信息量已经增加了不少。仅仅是这些简单的操作，就可以提高工作的效率。

　　不过，下面我们进行的"缩小表格"的操作，将进一步提升屏幕显示的信息量。

　　为了提高Excel的操作效率，我提倡抛弃鼠标，只用键盘。但是，缩小表格的操作，还是使用鼠标要方便一点。

　　具体方法是，按下"Ctrl"键的同时，向下滚动鼠标滚轮，即"Ctrl"+"鼠标滚轮（下）"。这样就可以整体缩小表格，使显示的范围更广。反之，要想整体放大表格的话，用"Ctrl"+"鼠标滚轮（上）"即可。

　　缩小整体表格，可以俯瞰全局，要细看局部数据的话，再放大整体表格就行了。查看完局部数据之后，再缩小整体表格俯瞰全局。我就是在这样反复缩小、放大的过程中操作Excel软件的。

顺序图　缩小表格

（1）表格大，显示的信息量就小。

（2）使用"Ctrl"+"鼠标滚轮（下）"缩小表格，使显示的范围更广。

专栏　大屏幕显示器，可以减少鼠标的使用

　　如果电脑显示器太小，在操作Excel软件时，放大、缩小表格的频率就会很高，从而浪费了宝贵的工作时间。所以我建议使用大屏幕显示器。即使使用笔记本电脑，在家里或办公室里，最好也连接大屏幕显示器来使用。

Step 5　冻结窗格

提高Excel表格的浏览速度还有一个技巧，就是冻结窗格。**这里所说的窗格，是指特定的行或列。冻结特定的行或列，可以提高浏览表格的速度**。

举例来说，请看图2-28中的表格。

第5行的内容是年份，2006年、2007年、2008年……如果想看下面的内容，我们就要向下滚动表格，这样一来的话，显示年份的第5行就会消失。那么，我们所看的数字到底对应的是哪一年，就不得而知了。在图2-29的表格中，我们看到神奈川县E列的数字是“144”，但它到底是哪一年的销售数量？我们无法一眼看出来，因为年份那行已经隐藏了。

在这种状态下，我们要确认是哪一年的数字，就不得不向上滚动表格，直到第5行出现。确认完年份之后，再滚动下来看数字……反复这样操作的话，不知要浪费多少时间！

图2-28　因为表格较大、行数较多，无法显示全部内容

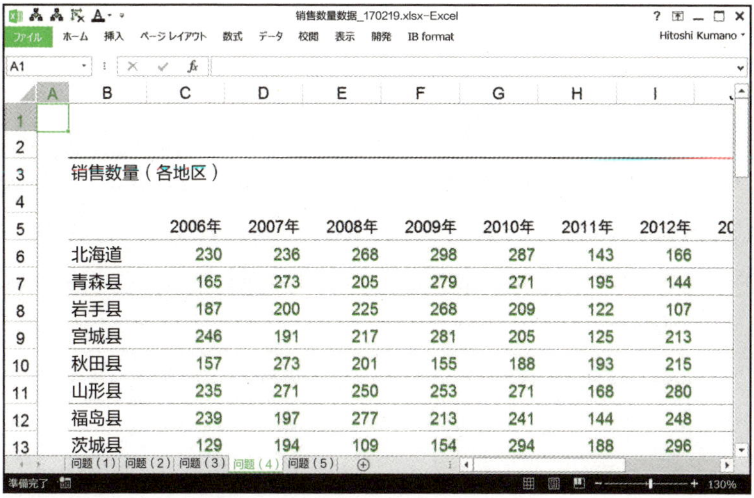

	A	B	C	D	E	F	G	H	I
1									
2									
3		销售数量（各地区）							
4									
5			2006年	2007年	2008年	2009年	2010年	2011年	2012年
6		北海道	230	236	268	298	287	143	166
7		青森县	165	273	205	279	271	195	144
8		岩手县	187	200	225	268	209	122	107
9		宫城县	246	191	217	281	205	125	213
10		秋田县	157	273	201	155	188	193	215
11		山形县	235	271	250	253	271	168	280
12		福岛县	239	197	277	213	241	144	248
13		茨城县	129	194	109	154	294	188	296

图2-29 **向下滚动表格的话，第5行“年份”就消失不见了，要想确定数字的所属年份，就不得不反复上下滚动表格**

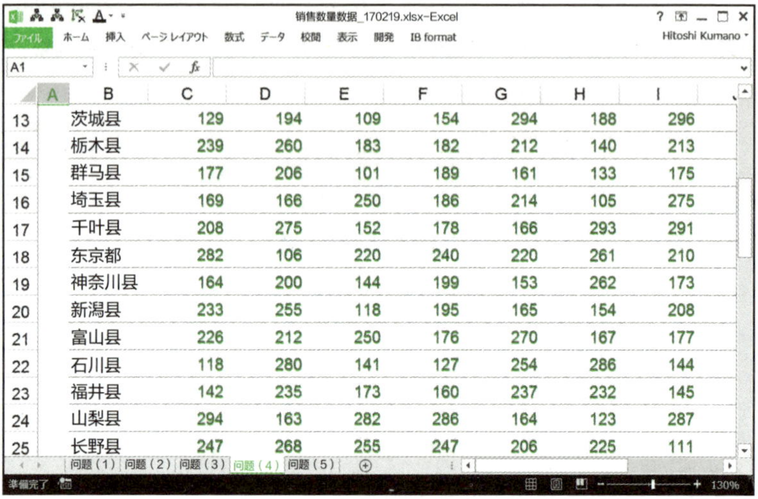

	A	B	C	D	E	F	G	H	I
13		茨城县	129	194	109	154	294	188	296
14		栃木县	239	260	183	182	212	140	213
15		群马县	177	206	101	189	161	133	175
16		埼玉县	169	166	250	186	214	105	275
17		千叶县	208	275	152	178	166	293	291
18		东京都	282	106	220	240	220	261	210
19		神奈川县	164	200	144	199	153	262	173
20		新潟县	233	255	118	195	165	154	208
21		富山县	226	212	250	176	270	167	177
22		石川县	118	280	141	127	254	286	144
23		福井县	142	235	173	160	237	232	145
24		山梨县	294	163	282	286	164	123	287
25		长野县	247	268	255	247	206	225	111

》》冻结的区域应该尽量狭小

为解决反复滚动表格的问题，我们可以把第5行作为窗格冻结起来。冻结之后，下面的表格不管怎么滚动，这一行都会显示出来。那么再确认数字的年份就方便多了，无须再上下反复滚动表格了。

冻结窗格的具体方法是，首先选中想要冻结的行的下面一行，然后依次按“Alt”→“W”→“F”→“F”，就可以冻结所选行的上一行了。“W”是“Window（窗口）”的首字母，“F”是“Fix（固定）”的首字母。

解除冻结的快捷键也是一样的。先选中冻结行的下面一行，然后依次按“Alt”→“W”→“F”→“F”，便可以解除冻结了。这一方法不仅适用于冻结行，同样适用于冻结列。

在冻结窗格的时候，有一点需要注意，那就是冻结的区域要尽量狭窄。举例来说，如果冻结的窗格有5行，那么下面可以滚动的区域就减少了很多，显示的信息量少了，工作效率自然提不起来。

在前面讲的例子中，我们想冻结的只是第5行——年份。而第1～4行即使看不见，对操作也不会造成什么影响。

这个时候，我想冻结第5行，让第5行一直显示在最上面，那么我就可以选中第6行，然后依次按"Alt"→"W"→"F"→"F"，就可以把第1～4行隐藏起来，让第5行一直显示在最上面。这样一来，下面的显示范围就大了很多，操作效率也能高很多。

重要的快捷键

冻结窗格

Alt → W → F → F

顺序图　冻结窗格

（1）选中想冻结行的下面一行（本例中是第6行），依次按"Alt"→"W"→"F"→"F"即可冻结第5行。

257

（2）如果冻结的区域太宽（比如冻结1～5行），那么下面显示的表格范围就会相对减少，降低了表格的总览性。

（3）如果冻结的行只有一行（第5行），则第5行一直显示在最上方，下面表格的显示范围就很大，提高了表格的总览性。

18

根据读者的立场，调整信息量

Step 1　分级显示

Step 2　让活动单元格回到A1

在公司中，因为职位和职责的分工，不同的人所需要的信息也是不同的。在一线从事业务工作的人和经营管理层的人，想看的数字当然不同。因此，我们在制作Excel资料的时候，要根据读者的立场，调整合适的信息量。

我们拿"人工费"来举例。对一线业务负责人来说，他要掌握自己手下每个员工的人工费。如下图中Before的形式。

但是，对经营管理者来说，就没有必要了解每个员工的工资，只要了解不同雇佣形式的员工的总体人工费就够了。所以，我们应该把每个员工的工资隐藏起来，像下图After那样，只显示"正式员工""合同工""兼职员工"各自的总体人工费就够了。

这样，根据读者的立场显示不同的信息，可以让读者不用花时间看对自己无用的信息，大大提高读者理解资料的效率。

给一线业务负责人看的资料，经过分级显示后，再提交给经营管理者

Step 1　分级显示

根据读者的立场，将信息量调整到最合适的状态的有效方法是对多个行或列进行分级显示。**制作一份要给各种立场的读者看的Excel资料时，我们可以根据不同读者的需求，对表格中的项目进行分级显示，把不必要的项目隐藏起来**。

有一点需要提醒大家注意，就是资料中以后都不会用到的单元格，不必通过分级显示隐藏起来，而是直接删除。需要隐藏的单元格，说到底是"有时需要显示，有时不需要显示"的单元格。

分级显示的操作方法是，选中想要分级显示（组合）的列（或行），然后同时按下"Shift"+"Alt"+"→"。这时，行号的左侧会显示一个"减号"，点击这个"减号"，就可以把分级显示的列（或行）隐藏起来。隐藏之后，又会出现一个"加号"，点击这个"加号"，又可以显示出分级显示的列（或行）。要解除分级显示的话，先选中分级显示的列（或行），然后同时按下"Shift"+"Alt"+"←"，即可解除。

要想隐藏分级显示的列（或行），可以点击"减号"，但这样就要用到鼠标，其实，我们也可以用快捷键进行操作。隐藏分级显示的列（或行）的快捷键是"Alt"→"A"→"H"。使用"Ctrl"+"A"全选整个工作表后，再依次按"Alt"→"A"→"H"，就可以把工作表中所有分级显示的列（或行）全部隐藏起来。将隐藏起来的分级显示列（或行）再次显示出来，快捷键组合是"Alt"→"A"→"J"。

分级显示

Shift	+	Alt	+	→

解除分级显示

Shift	+	Alt	+	←

顺序图　分级显示

（1）想要隐藏表格中的部分项目。

	A BC	D	E	F	G
1					
2	人工费（千日元）				
3			2015年	2016年	2017年
4	东京分店		11,000	18,500	23,500
5	正式员工		5,000	9,000	12,000
6	A君		5,000	5,000	5,000
7	B君			4,000	4,000
8	C君				3,000
9	合同工		4,000	7,500	7,500
10	D君		4,000	4,000	4,000
11	E君			3,500	3,500
12	兼职员工		2,000	2,000	4,000
13	F君		2,000	2,000	2,000

（2）选中想要隐藏的行。

	A BC	D	E	F	G
1					
2	人工费（千日元）				
3			2015年	2016年	2017年
4	东京分店		11,000	18,500	23,500
5	正式员工		5,000	9,000	12,000
6	A君		5,000	5,000	5,000
7	B君			4,000	4,000
8	C君				3,000
9	合同工		4,000	7,500	7,500
10	D君		4,000	4,000	4,000
11	E君			3,500	3,500
12	兼职员工		2,000	2,000	4,000

（3）同时按"Shift"+"Alt"+"→"，将选中的行分级显示。

	A	B	C	D	E	F	G
1							
2	人工费（千日元）						
3					2015年	2016年	2017年
4	东京分店				11,000	18,500	23,500
5		正式员工			5,000	9,000	12,000
6			A君		5,000	5,000	5,000
7			B君			4,000	4,000
8			C君				3,000
9		合同工			4,000	7,500	7,500
10			D君		4,000	4,000	4,000
11			E君			3,500	3,500
12		兼职员工			2,000	2,000	4,000

（4）在分级显示的项目行号的左侧，会出现一个"减号"，点击这个"减号"（或者使用快捷键"Alt"→"A"→"H"），将分级显示的项目隐藏。

	A	B	C	D	E	F	G
1							
2	人工费（千日元）						
3					2015年	2016年	2017年
4	东京分店				11,000	18,500	23,500
5		正式员工			5,000	9,000	12,000
9		合同工			4,000	7,500	7,500
10			D君		4,000	4,000	4,000
11			E君			3,500	3,500
12		兼职员工			2,000	2,000	4,000

Step 2　让活动单元格回到A1

当我们打开一个Excel文件的时候，活动单元格会在什么位置？是上一次操作后保存文件时，活动单元格所在的位置。如图2-30所显示的那样，如果我们本次最后操作的是人工费项目中的单元格，那么保存关闭文件之后，下一次再打开文件时，活动单元格就在人工费项目的那个单元格的位置。

如果打开Excel文件时，初始的活动单元格在表格中间，尤其是对于大型表格，表格的标题就可能看不见。这样就会给同事、上司、客户带来很大的不便，还得滚动到表格的最上方才能看到标题。

所以，**我们在关闭编辑好的Excel文件时，一定要像图2-31那样，让活动单元格回到A1的位置。这是分享Excel资料的一个基本礼仪**。初始活动单元格位于A1位置的话，打开Excel文件的时候就能一眼看到标题，不管对资料制作者还是读者来说，都是非常便利的。

在企业并购项目中，买卖双方会反复谈判收购价格，于是，也会相互多次交换Excel资料。将Excel资料通过电子邮件发送给对方之前，一定要让活动单元格返回到A1位置。否则能让对方看到我们最后计算了哪个项目，也算是泄露了商业秘密。

让活动单元格返回到A1位置的快捷键是"Ctrl"＋"Home"。在关闭Excel文件之前，一定要养成按"Ctrl"＋"Home"的习惯。

重要的快捷键

让活动单元格返回到A1位置

| Ctrl | ＋ | Home |

图2-30 活动单元格在表格中间，可能看不见标题。就此保存文件的话，下次打开的时候，依然无法看到标题

	A BC D	E	F	G	H
7	价格	日元	1,000	1,000	1,000
8	成本	日元	500,000	630,000	746,500
9	材料费	日元	300,000	330,000	346,500
10	单个商品的平均材料费	日元	300	300	300
11	租金	日元	100,000	100,000	100,000
12	人工费	日元	100,000	200,000	300,000
13	利润	日元	500,000	470,000	408,500
14					

图2-31 让活动单元格返回到A1位置再保存文件，下次打开文件的时候，就可以看到表格标题了

	A BC D	E	F	G	H	I
1						
2	收益计划					
3			第1年	第2年	第3年	第4年
4	销售额	日元	1,000,000	1,100,000	1,155,000	1,212,750
5	销售数量	个	1,000	1,100	1,155	1,213
6	增长率	%		10.0%	5.0%	5.0%
7	价格	日元	1,000	1,000	1,000	1,000
8	成本	日元	500,000	630,000	746,500	763,825
9	材料费	日元	300,000	330,000	346,500	363,825
10	单个商品的平均材料费	日元	300	300	300	300
11	租金	日元	100,000	100,000	100,000	100,000
12	人工费	日元	100,000	200,000	300,000	300,000
13	利润	日元	500,000	470,000	408,500	448,925

19

"F2"键是计算检查中"基本的基本"

使用Excel软件制作资料的过程中，**最可惜的事情莫过于把时间浪费在"纠正计算错误"上**。不管计算速度有多快，如果出现错误的话，那得到的数字也没有任何意义。在本书的最后，我将为您讲解计算检查的技巧。

计算之后，必须马上进行检查。否则的话，检查这项工作可能被无限期拖延。心里想着"以后再检查"，往往被拖成了"没时间检查"。

最基本的检查方法是利用"F2"键。我们选中想要检查的单元格后，再按"F2"，就会像图2-32那样，以不同颜色显示出计算公式。这个时候，我们就可以检查公式是否用对了。

另外，手动输入数字的单元格，按"F2"不会显示出公式，所以，不显示公式的单元格，我们就知道是手动输入的。

图2-32 **按"F2"键检查公式**

	A	BC	D	E	F	G	H
1							
2		收益计划					
3					第1年	第2年	第3年
4		销售额		日元	1,000,000	=G5*G7	1,155,000
5		销售数量		个	1,000	1,100	1,155
6		增长率		%		10.0%	5.0%
7		价格		日元	1,000	1,000	1,000
8		成本		日元	500,000	630,000	446,500
9		材料费		日元	300,000	330,000	346,500
10		单个商品的平均材料费		日元	300	300	300
11		租金		日元	100,000	100,000	100,000
12		人工费		日元	100,000	200,000	300,000
13		利润		日元	500,000	470,000	708,500

在制作Excel资料的过程中，"F2"键的使用频率非常高，所以请大家一定要掌握其用法。

举例来说，我们做好了图2-33的表格，然后用"F2"键检查第1年至第3年的销售额计算公式是否正确。

我们先选中F4单元格，然后依次按"F2"→"Enter"，就会像图2-34所示，活动单元格向下移动到了F5。接下来我们要检查第2年销售额的计算公式，而第2年的销售额数字位于G4单元格。要把活动单元格从F5移动到G4，需要依次按方向键"↑"→"→"才能实现。从"Enter"到"→"，一共按了3个键才完成移动。

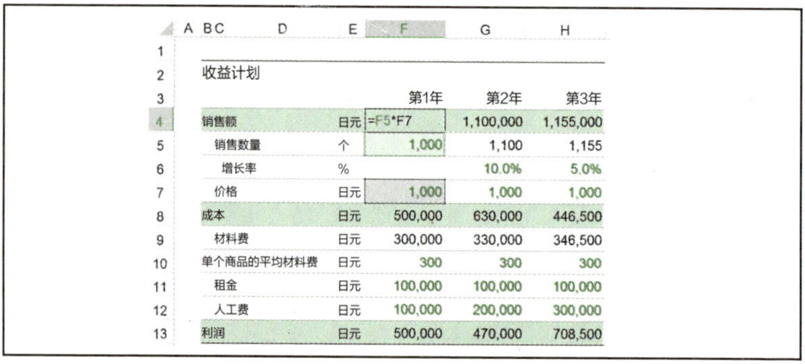

图2-33 检查第1年至第3年的销售额计算公式

图2-34 使用"Enter"键，单元格会下移

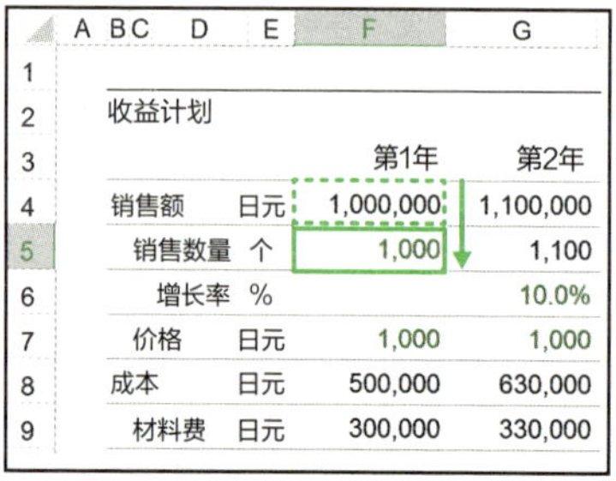

图2-35 使用"Esc"键，单元格不移动

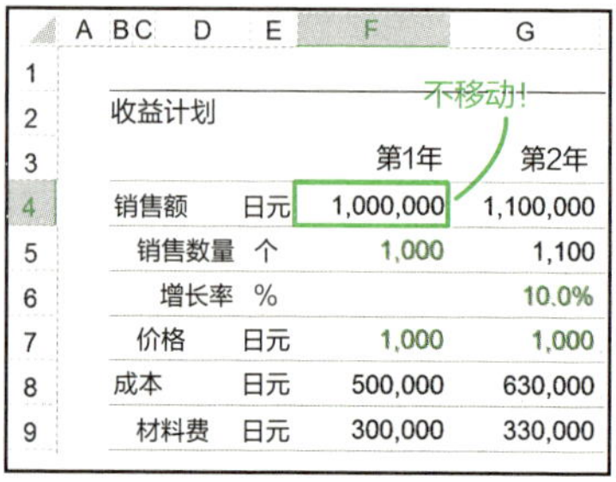

这种情况下，我建议不用"F2"→"Enter"，而是用"F2"→"Esc"。按"Esc"后，活动单元格还会保持在F4（图2-35），然后再按一次方向键"→"就可以移动到G4了。第二种操作只需按两个键。虽然只有一键之差，但节省的时间积少成多，也可以提高我们的整体工作效率。

》》》 检查多个横向单元格，"F2"→"Esc"→"→" 很便利

前面图2-33的例子中，我们只是检查到第3年的销售额计算公式，但如果要一直检查到第10年呢？那就把快捷键组合"F2"→"Esc"→"→"反复用9次就行了。

实际工作中，横向单元格数量很多的表格非常常见。要连续检查横向单元格的计算公式时，反复使用"F2"→"Esc"→"→"就可以了。

我建议：

（1）左手食指按"F2"

（2）左手无名指按"Esc"

（3）右手按"→"

只要反复重复（1）、（2）、（3）的操作，哪怕横向排列10个、20个单元格，也能很快就全部检查完。

专栏 设定"Enter"键不能下移单元格，是投资银行Excel操作的常识

根据Excel表格的内容，有些情况下我们在检查计算公式的时候需要纵向滚动表格，但是，像项目计划这样的表格，左右横向拉动表格进行检查的情况要多得多，而且也仅限于检查计算公式。在插入计算公式的时候，也是横向拉动表格比较多。

但是，在计算后我们按下"Enter"键之后，活动单元格就会向下移动一格，为了横向移动我们还得按向上的方向键，让活动单元格回到原来的位置，然后再横向移动。这就太麻烦了。

所以，我建议大家对"Enter"键进行设置，按下"Enter"键后，活动单元格也不会下移。设置方法是"文件"→"选项"→"高级"，取消"按Enter键后移动所选内容"前面的勾选，再点"确定"就行了（如图2-36所示）。

我在投资银行工作的时代，新职员培训的时候我不记得有这个内容了，但在面向美国投资银行的财务模型资料中，最开头就有这样一句话："使用Excel软件时，请先变更Enter键的设置"。

图2-36 **取消"按Enter键后移动所选内容"**

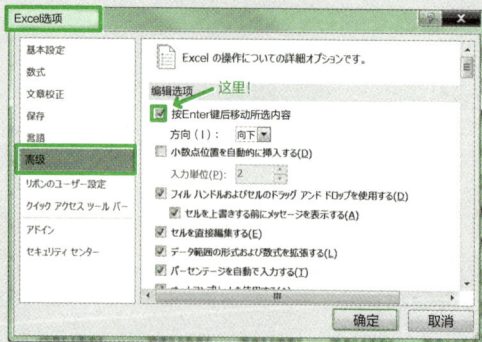

20

九成人都不知道用"追踪"功能进行计算检查

Excel软件的"追踪"功能是一种可以比较直观地进行计算检查的便利工具。很多人知道利用"F2"键进行计算检查，但大多数人都不知道"追踪"功能进行计算检查。在我看来，利用"追踪"功能进行计算检查的机会非常多。

"追踪引用单元格"，会用箭头显示该单元格的计算引用了哪些数字。图2-37所显示的是追踪第1年的销售额的引用源。使用"追踪引用单元格"功能，我们可以看出第1年的销售额"1,000,000"，是引用销售数量"1,000"和价格"1,000"计算出来的结果。

另一方面，**"追踪从属单元格"，会用箭头显示该单元格的数字被哪个计算公式引用了**。图2-38所显示的是追踪第1年的销售数量的引用目的地。使用"追踪从属单元格"功能，我们可以看出第1年的销售数量"1,000"，被销售额"1,000,000"、材料费"300,000"、第2年的销

图2-37 追踪第1年销售额的引用源

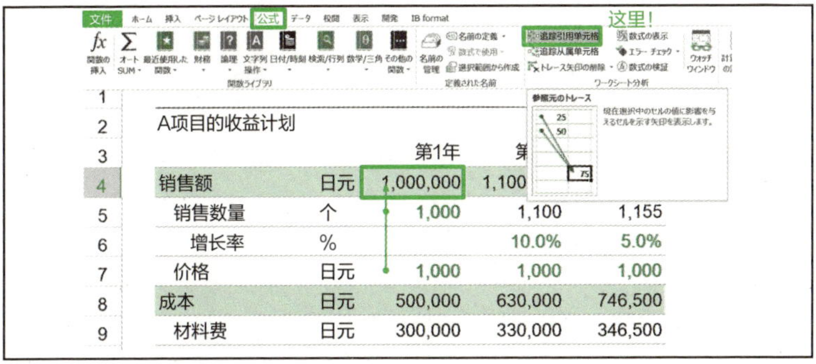

售数量"1,100"所引用。

"追踪"功能的最大好处是可以同时检查多个单元格的计算公式。使用"F2"键一次只能检查一个单元格的计算公式，但"追踪"功能可以同时检查选中的多个单元格的计算公式。

图2-38 追踪第1年销售数量的引用目的地

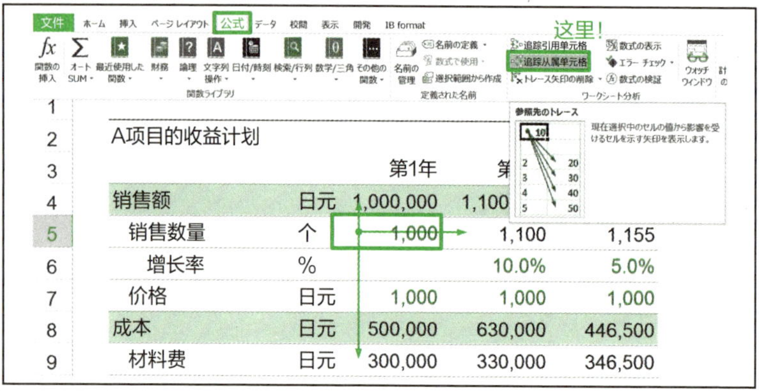

图2-39 计算错误一目了然（第3年的成本没有算入人工费）

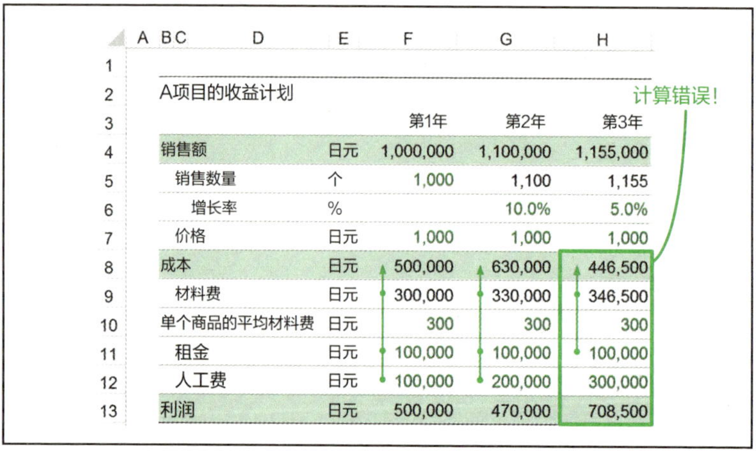

图2-39是追踪从F8到H8的单元格的引用源。从这个图中我们可以看出，只有第3年的成本计算中没有算入人工费。使用"追踪"功能，可以让这样的错误无处遁形。

"追踪引用单元格"的方法是先选中想要追踪的单元格，然后依次按"Alt"→"M"→"P"。"追踪从属单元格"的话，先选中想要追踪的单元格，然后依次按"Alt"→"M"→"D"。

像图2-39那样，追踪多个单元格的引用源时，先同时按"Shift"+"Ctrl"+"→"选中多个单元格，然后再按前面介绍的追踪快捷键组合。另外，如果想消除追踪的"箭头"，先选中单元格，然后依次按"Alt"→"M"→A"→"A"。

重要的快捷键

追踪引用单元格

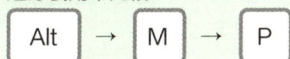

Alt → M → P

追踪从属单元格

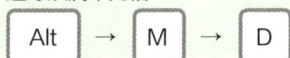

Alt → M → D

》》》 当引用源在其他工作表时，如何移动到引用源

在制作Excel资料的过程中，有时我们会引用其他工作表中的数字进行计算。引用源和引用目的地在同一个工作表中时，追踪的时候会用箭头显示。但**引用其他工作表中的数字时，追踪就会用虚线箭头显示**。图2-40显示的是追踪F7单元格引用源的情况。表示F7中的数字"1,000"是引用其他工作表中的数字计算得来的。

这种情况下，双击虚线箭头的话，就会打开一个"定位"的对话框，显示出引用源的位置。

图2-40　引用源在其他工作表的情况

	A B C	D	E	F	G	H
1						
2	A项目的收益计划					
3				第1年	第2年	第3年
4	销售额			1,000,000	1,100,000	1,155,000
5	销售数量			1,000	1,100	1,155
6	增长率				10.0%	5.0%
7	价格			1,000	1,000	1,000
8	成本			500,000	630,000	446,500
9	材料费			300,000	330,000	346,500

这时，选择定位位置（引用源），点击"确定"，就会移动到另一个工作表中引用源所在的单元格。

这个移动也可以通过快捷键实现，先选中想要追踪引用源的单元格，然后同时按"Ctrl"＋"["。我觉得使用这组快捷键可以更快地实现移动。

定位

定位：

［收益计划_170219.xlsx］价格! F4

引用位置(R)：

［收益计划_170219.xlsx］价格! F4

定位条件(S)...　　确定　　取消

移动到引用源所在的工作表

	A B C D E	F	G	H
1				
2	A项目			
3		第1年	第2年	第3年
4	价格　日元	1,000	1,000	1,000

21 使用快速访问工具栏，将快捷操作减少到只有两步

像"追踪"这样的常用功能，如果使用快速访问工具栏的话，可以进一步提高操作效率。

快速访问工具栏位于Excel界面的左上方，可以进行自定义。

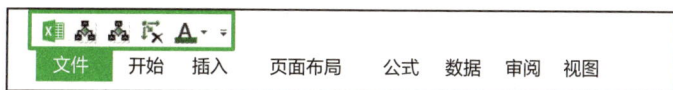

按"Alt"键，工具栏中的各个功能上就会出现提示字母。这时，快速访问工具栏中的各种功能上也会出现提示数字。

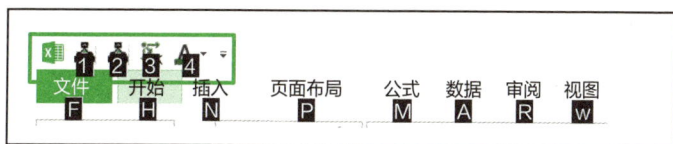

提示数字可以结合快捷键使用。**只要把功能自定义到快速访问工具栏中，原本步骤比较多的快捷键操作，也能仅靠两步就可以实现。比如"Alt"→"1"、"Alt"→"2"。**

举例来说，追踪引用单元格的快捷键组合是"Alt"→"M"→"P"，如果结合快速访问工具栏的话，只需"Alt"→"数字"就可以实现。再比如，右对齐的快捷键是"Alt"→"H"→"A"→"R"，需要4步，但结合快速访问工具栏的话，只需"Alt"→"数字"，两步就够了，非常方便。

设置快速访问工具栏的方法是，在Excel软件界面的左上方找到快速访问工具栏，点击下拉箭头打开"自定义快速访问工具栏"的菜单，选择"其他命令（M）"。然后在弹出的命令清单中，选择自己

想要的命令，再点击"添加"→"确定"，就可以把该命令添加到快速访问工具栏中。

顺序图 **自定义快速访问工具栏**

（1）点击左上角快速访问工具栏的下拉箭头，在打开的"自定义快速访问工具栏"的菜单，选择"其他命令（M）"。

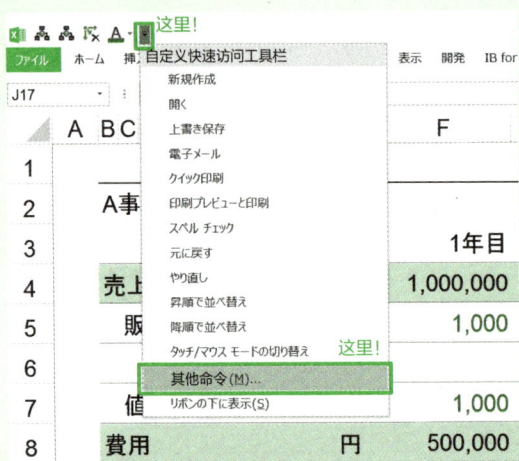

（2）选择想要添加到快速访问工具栏的命令，点击"添加"，再点击"确定"就可以了。

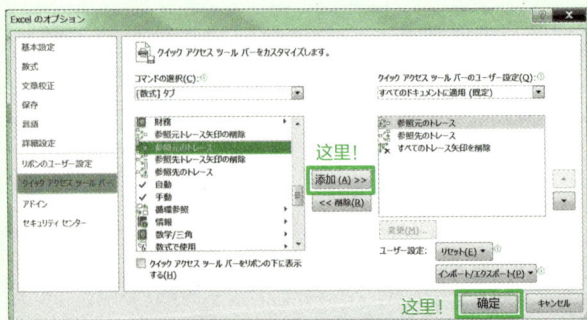

22

使用追踪从属单元格功能，
避免"#REF！错误"的发生

　　如果一份Excel资料中有多余的工作表，那将拖慢工作的速度。为了提高工作速度，也为了提高资料的易读性，提高读者理解的速度，我们应该把多余的工作表删除。

　　但是，**如果"多余"的工作表中有数据被其他工作表引用了，这时，删除这个工作表就会使引用它的那个工作表出现#REF！错误**（图2-41）。因为害怕出现这样的错误，所以很多人不敢轻易删除工作表。删除单元格的话，还可以恢复，但删除工作表的话就无法恢复了，这也是很多人不敢删除工作表的原因之一。

　　举例来说在图2-42中，F7中的数字是从"价格工作表"的F4引用的数据。"价格工作表"是引用源，如图2-43所示，其中的F4被前面那个工作表的F7直接引用了。在这种状态下，如果删除"价格工作表"的话，就会像图2-44那样出现#REF！错误。

图2-41 删除工作表A的情况

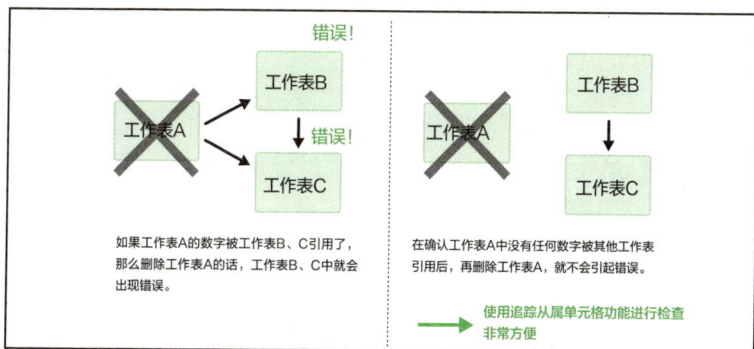

错误！

工作表B

↓错误！

工作表A

工作表C

如果工作表A的数字被工作表B、C引用了，那么删除工作表A的话，工作表B、C中就会出现错误。

工作表B

↓

工作表A

工作表C

在确认工作表A中没有任何数字被其他工作表引用后，再删除工作表A，就不会引起错误。

→ 使用追踪从属单元格功能进行检查非常方便

图2-42 **F7引用了"价格工作表"的F4**

	A	B C	D	E	F	G	H
1							
2		A项目的收益计划					
3					第1年	第2年	第3年
4		销售额			1,000,000	1,100,000	1,155,000
5		销售数量			1,000	1,100	1,155
6		增长率				10.0%	5.0%
7		价格			=价格!F4	1,000	1,000
8		成本			500,000	630,000	446,500
9		材料费			300,000	330,000	346,500

图2-43 **如果删除作为引用源的"价格工作表"……**

	A	B C D	E	F	G	H
1						
2		A项目				
3				第1年	第2年	第3年
4		价格	日元	1,000	1,000	1,000

图2-44 **就会出现#REF！错误**

	A	B C	D	E	F	G	H
1							
2		A项目的收益计划					
3					第1年	第2年	第3年
4		销售额		日元	#REF!	#REF!	#REF!
5		销售数量		个	#REF!	#REF!	#REF!
6		增长率		%		10.0%	5.0%
7		价格		日元	#REF!	#REF!	#REF!
8		成本		日元	#REF!	#REF!	#REF!
9		材料费		日元	#REF!	#REF!	#REF!

>>> **如果工作表中的数字没被引用的话，那么删除这个
工作表也不会对其他工作表造成任何影响**

在检查一个工作表中的数字是否被其他工作表引用时，可以在这个工作表中选中有数字的单元格，然后依次按"Alt"→"M"→"D"，来追踪从属单元格。

	A B C	D	E	F	G	H
1						
2	A项目					
3				第1年	第2年	第3年
4	价格	日元		1,000	1,000	1,000

如果出现了上图中的虚线箭头，说明这个单元格中的数字被其他工作表引用了。如果在这种情况下删除工作表的话，引用其中数字的其他工作表就会出现#REF!错误。反言之，如果对工作表中所有有数字的单元格进行追踪从属单元格操作后，没有出现任何虚线箭头，说明该工作表中的数字没有被其他工作表引用，那么删除这个工作表就没有问题。

如果出现虚线箭头的话，可以双击虚线箭头，弹出"定位"对话框。选择其中的"定位"然后点击"确定"。

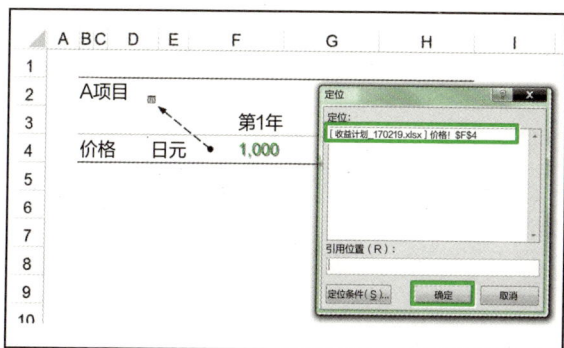

这样一来，就会跳转到引用位置所在的工作表。在跳转到的单元格中，删除引用（=价格!F4），然后手动输入数字（1,000），就可以切断引用了。

	A B C	D	E	F	G	H
1						
2	A项目的收益计划					
3				第1年	第2年	第3年
4	销售额			1,000,000	1,100,000	1,155,000
5	销售数量			1,000	1,100	1,155
6	增长率				10.0%	5.0%
7	价格			=价格!F4	1,000	1,000
8	成本			500,000	630,000	446,500
9	材料费			300,000	330,000	346,500

然后再回到想要删除的那个工作表。这时再按"Alt"→"M"→"D"追踪从属单元格，就不会出现虚线箭头了。

	A B C D E	F	G	H
1				
2	A项目			
3		第1年	第2年	第3年
4	价格 日元	1,000	1,000	1,000

这时，删除工作表也不会给其他工作表带来任何影响，不用担心其他工作表出现#REF! 错误，可以放心大胆地删除了。

23

用折线图表迅速检查数字的异常

前面讲了使用"F2"键和"追踪"功能来检查计算错误，接下来我将从另外一个角度教大家寻找数字中的异常情况。

Excel表格中，一般会有大量数字，看着这些数字，我们不容易发现其中的异常。请看下表，您能发现其中数字的问题吗？

	A B C	D	E	F	G	H	I	J	K	L
1										
2	收益计划									
3				第1年	第2年	第3年	第4年	第5年	第6年	第7年
4	销售额		日元	2,000,000	2,200,000	2,310,000	2,425,500	1,259,800	2,674,114	2,807,819
5	销售数量		个	1,000	1,100	1,155	1,213	1,273	1,337	1,404
6	增长率		%		10.0%	5.0%	5.0%	5.0%	5.0%	5.0%
7	价格		日元	2,000	2,000	2,000	2,000	2,000	2,000	2,000
8	成本		日元	550,000	630,000	746,500	813,825	1,032,016	1,401,117	1,571,173
9	材料费		日元	300,000	330,000	346,500	363,825	382,016	401,117	421,173
10	单个商品的平均材料费	日元		300	300	300	300	300	300	300
11	租金		日元	100,000	100,000	100,000	150,000	150,000	200,000	250,000
12	人工费		日元	150,000	200,000	300,000	300,000	500,000	800,000	900,000
13	利润		日元	1,450,000	1,570,000	1,563,500	1,611,675	227,784	1,272,997	1,236,647

可能也有朋友能一眼发现数字中存在的问题，但那绝对是极少数的高手。对大多数朋友来说，真的很难从这些数字中看到异常的端倪。

在一堆数字中找出异常，是一件很难的事情。但是我们可把数字转化为折线图，那样就直观多了。

我们把上表中的各年销售额制成折线图，如图2-45所示。从图中我们可以一眼看出只有第5年的销售额出现了急剧下降。会不会是第5年销售额的计算公式有问题呢？我们有必要检查一下。

另外，在Part 1中我曾讲过，资料中数字的联动非常重要，**把数字制成折线图，可以更好地检查数字之间的联动性。**

举例来说，我们再把上表中的各年人工费和租金制成折线图，如图2-46所示。

图2-45 把数字制成折线图后，其中的异常一目了然

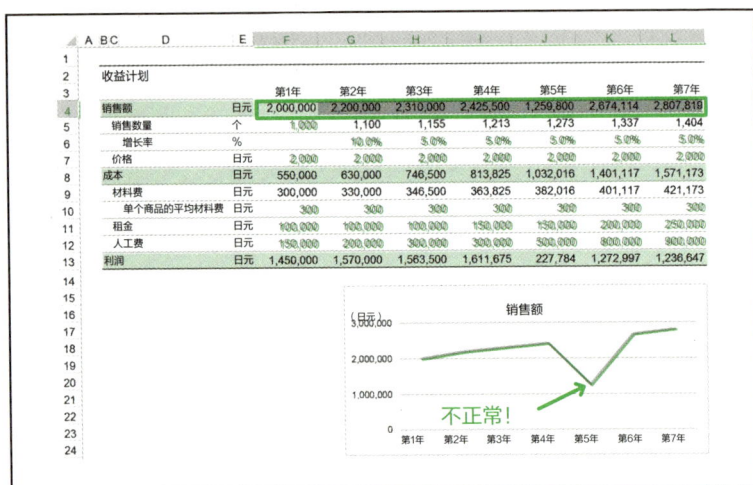

图2-46 折线图可以体现数字的联动性

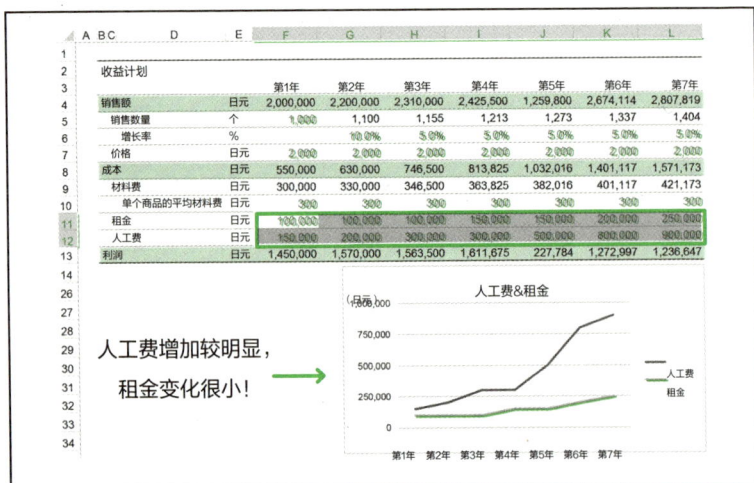

人工费增加较明显，
租金变化很小！

从图中我们可以看出，人工费在不断增加，相比之下，租金的变化非常小。如果人工费的增加是因为员工人数增加了，那么办公场所也应该有所扩大，租金也应该相应增加才对。所以，我们有必要检查一下租金是否存在计算错误。

图2-47 "插入"→"折线图"

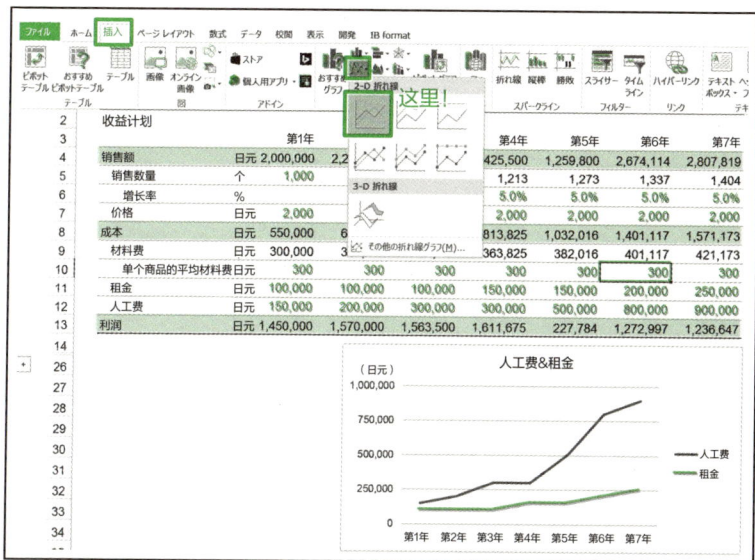

重要的快捷键

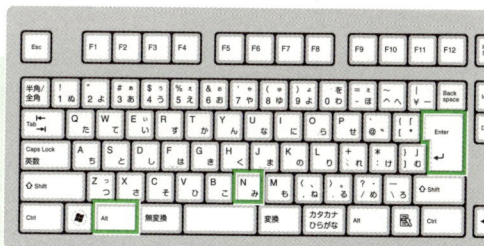

插入折线图

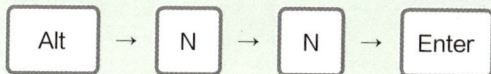

制作折线图的方法是，先选择想要将数字转化为图表的行（或列），然后在"插入"功能中选择"折线图"即可（如图2-47所示）。快捷键组合是"Alt"→"N"→"N"→"Enter"。这时如果按"Delete"键的话，就可以删除折线图。

一提到折线图，很多朋友可能会认为："只有PPT才会常用折线图吧？"其实，在Excel资料中，折线图可以用来检查数字的异常。

专栏 绝对不要使用笔记本电脑的键盘

如果您使用笔记本电脑制作Excel资料的话，为了提高操作速度，我建议大家不要使用笔记本电脑的键盘。

笔记本电脑的键盘比较小，按键也是经过精简的，要么没有重要的功能键，要么就是按键太小，按起来比较困难。比较小的键有F2、Home、PageUp、PageDown等。

另外，不同品牌、不同型号的笔记本电脑，键盘的设置也大不相同，如果您用惯了一款笔记本电脑，再换其他型号电脑的时候，键盘就变得陌生了。您使用笔记本电脑的话，我建议购置一个外设的标准键盘。因为是标准键盘，不管是什么厂商生产的，形式都是一样的。更换电脑的话，也不用重新熟悉。

顺便介绍一下，我在公司和家里都购置了一样的标准键盘。在外出进行演讲、培训的时候，我会自带键盘。所以经常能看到我背着一个大键盘到处走的身影。

一提到打印文件，可能大部分朋友都知道打印的快捷键是
"Ctrl" + "P"。但今天我要为大家介绍其他打印快捷键。

如果不想打印整个工作表，而只想打印其中的某个表格，那可以先
选中表格所在的范围，然后依次按 "Alt" → "P" → "R" → "S" 即可。
另外，想把表格打印在一个页面、想把打印纸由A4改为A3的时候，可以
通过快捷键 "Alt" → "P" → "S" → "P" 打开页面布局窗口，在其中进
行设置就行了。

》》》 打印Excel资料，页脚一定要注明相关信息

当大量打印Excel资料的时候，容易弄不清哪个才是最新版本。想
回头看电子文档的时候，也不知道它保存在什么位置。我们把页脚标
注清楚，就可以防止这种混乱的发生。页脚应该注明以下信息：

（1）路径（文件保存的位置）；

（2）文件名、工作表标签；

（3）打印的日期、时间。

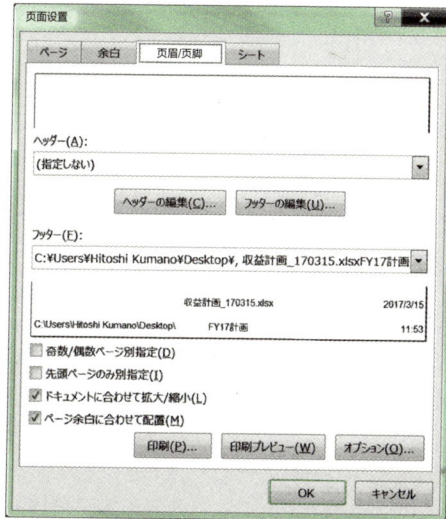

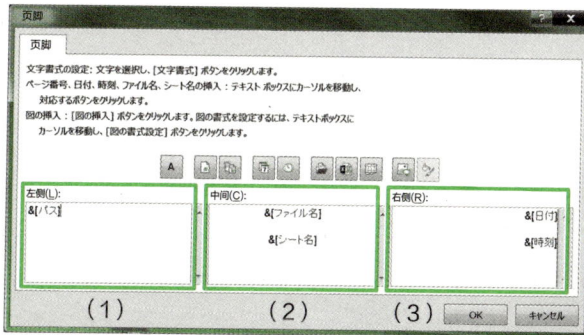

(1)　　　　　　　(2)　　　　　　　(3)

285

后记

》》 反复练习，精通Excel操作

本书为大家介绍了提高Excel工作效率的很多技巧，但是，大家要熟练掌握这些技巧，必须经过大量的实操练习。只有对各种快捷键形成"身体记忆（手指的自然反应）"，才算精通Excel软件的操作。

我刚毕业进入投资银行工作时，从早到晚都是高强度的Excel操作，算是在实操中锻炼自己的工作能力。可尽管有如此高强度的训练，我还是在持续了好几个月后才初步掌握了Excel的一些技巧，也能稍稍提高一点工作速度了。即使头脑中记住了快捷键的组合，但要达到手指自然反应的程度，还是要花很长时间进行练习的。如果您以为读了这本书之后，您的Excel操作速度就能有飞跃性提升，那简直是天方夜谭。本书只是教您方法和技巧，但要让它们发挥作用，还要靠您自己的刻苦练习。

但是，身体记忆有一个特点，就是一旦记住就永远不会忘记。所以，当您的手指记住了快捷键的操作，那么以后就可以自然地高速操作Excel软件了。就和骑自行车一样，一旦我们学会骑自行车，即使有段时间没骑，再拿到自行车的时候，依然可以熟练骑行。

一个商务人士，一生会有多长时间花在Excel软件上，没人统计过，但我估计至少也得有成千上万小时吧。如果能尽量缩短操作时间，那将给我们带来多大的好处啊！

在本书的Part 1中我说过，制作Excel资料，通常是一项团队合作的

工作。一个人精通Excel软件，对提高整体工作效率的帮助比较有限。所以，我们应该在提高自己操作水平的同时，也尽量帮助团队同伴共同进步，一起把Excel的工作效率提高起来。一个人再怎么努力，也无法帮助整个公司提高生产性。请大家在制作Excel资料的时候，一定要按照本书介绍的方法，和同伴一起检查是否存在浪费的项目，不必亲自完成的分析是否交给下属去完成，是否在没有输出想象图的情况下就贸然开始了Excel作业……

我们应该帮整个团队统一认识——**"制作Excel资料不是一个人的工作，而需要整个团队高效合作"**，只有这样，才能提高团队制作Excel资料的工作效率！

GAISHIKEI TOSHI GINKO GA YATTEIRU SAISOKU NO EXCEL

©Hitoshi Kumano 2017

First published in Japan in 2017 by KADOKAWA CORPORATION, Tokyo. Simplified Chinese translation rights arranged with KADOKAWA CORPORATION, Tokyo through JAPAN UNI AGENCY, INC., Tokyo.

著作权合同登记号：图字18-2020-235

图书在版编目（CIP）数据

为什么精英都是极速Excel控/（日）熊野整著；郭勇译. -- 长沙：湖南文艺出版社，2021.4

ISBN 978-7-5726-0085-2

Ⅰ.①为… Ⅱ.①熊…②郭… Ⅲ.①表处理软件—应用—目标管理 Ⅳ.①C931.2-39

中国版本图书馆CIP数据核字（2021）第030443号

上架建议：商业·成功励志

WEI SHENME JINGYING DOU SHI JISU EXCEL KONG

为什么精英都是极速Excel控

作　　者：[日]熊野整
译　　者：郭　勇
出 版 人：曾赛丰
责任编辑：匡扬乐
监　　制：邢越超
策划编辑：李彩萍
特约编辑：王　屿
版权支持：金　哲
营销支持：文刀刀　周　茜
封面设计：刘红刚
版式设计：李　洁
出　　版：湖南文艺出版社
　　　　　（长沙市雨花区东二环一段508号　邮编：410014）
网　　址：www.hnwy.net
印　　刷：三河市中晟雅豪印务有限公司
经　　销：新华书店
开　　本：875mm×1270mm　1/32
字　　数：245千字
印　　张：9
版　　次：2021年4月第1版
印　　次：2021年4月第1次印刷
书　　号：ISBN 978-7-5726-0085-2
定　　价：52.00元

若有质量问题，请致电质量监督电话：010-59096394
团购电话：010-59320018